U0884349

高原特色现代农业高质量发展研究

以云南省曲靖市为例

◎杜　刚　杨妍　王奕　主编

中国农业科学技术出版社

图书在版编目(CIP)数据

高原特色现代农业高质量发展研究：以云南省曲靖市为例 / 杜刚，杨妍，王奕主编. --北京：中国农业科学技术出版社，2023.12
ISBN 978-7-5116-6666-6

Ⅰ.①高… Ⅱ.①杜…②杨…③王… Ⅲ.①高原-特色农业-现代农业-农业发展-研究-云南 Ⅳ.①F327.74

中国国家版本馆 CIP 数据核字(2024)第 021577 号

责任编辑 李 娜 朱 绯
责任校对 马广洋
责任印制 姜义伟 王思文

出 版 者 中国农业科学技术出版社
北京市中关村南大街 12 号 邮编：100081
电 话 (010) 62111246 (编辑室) (010) 82106624 (发行部)
(010) 82109709 (读者服务部)
网 址 https://castp.caas.cn
经 销 者 各地新华书店
印 刷 者 北京建宏印刷有限公司
开 本 170 mm×240 mm 1/16
印 张 10
字 数 193 千字
版 次 2023 年 12 月第 1 版 2023 年 12 月第 1 次印刷
定 价 98.00 元

《高原特色现代农业高质量发展研究：以云南省曲靖市为例》

编 委 会

主　　编：杜　刚　杨　妍　王　奕

副 主 编：钱成明　李荣福　陈　勇　张锡顺　刘关所

编写人员（按姓氏笔画排序）：

王雪娇　毛昭庆　左应梅　龙荣华　代正明

朱　媛　伏　晓　刘其宁　孙　燕　孙道旺

杨　芳　李隆伟　肖植文　汪　骞　张思竹

陈树国　范东元　金春林　单庆绕　胡忠荣

钟　利　侯朝祥　钱金良　梁　泉　蒋　琨

前　言

高原特色现代农业是指在高海拔地区特殊的自然条件下，结合当地地形、地貌和气候的优势，实现当地农牧业从自给型、生存型、初级型的传统农牧业向市场化、商业化、产业化的特色现代农业转变的发展模式。该模式通过发展绿色生态食品产业，打造有机农业、生态农业，实现农业可持续发展，有效促进一二三产业深度融合，所以现代高原特色农业是社会经济发展到一定阶段的农业新模式。

加快高原特色现代农业发展，是破解农民“增产减收”难题的有效途径和手段，是促进农民致富奔小康的重要抓手，是减少国外农产品竞争压力的现实需要，也是适应我国主要矛盾转变的必然要求。高原特色现代农业有助于发挥地区比较优势、优化农业产业结构，加快推进云南农业农村现代化。云南高原特色农业与东北的大农业、江浙的集约农业和京沪的都市农业一起成为我国现代农业发展的四种模式。

大力发展高原特色现代农业是云南省委、省政府通过科学、客观分析云南特色农业资源、生态环境比较优势后作出的一项重要决定，是从云南实际和发展需要出发审时度势作出的重大战略决策，是云南主动适应和引领经济发展新常态的必然选择，是云南加快推进农业现代化的内在要求，是深入实施西部大开发战略、推进工业化、城镇化的客观需要，是实现区域协调发展、生态保护与经济增长并重的重要道路，也是积极融入国家战略机遇，推进现代农业转型升级的必然选择。高原特色农业对于提高云南农业发展的质量和效益，增强农产品市场竞争力，改善农村民生，促进社会主义新农村建设，推动全省科学发展、和谐发展，跨越发展具有十分重要的意义。

高原特色现代农业战略定位，符合云南立体气候明显、动植物资源丰富、毗邻南亚和东南亚国家进出口便利的比较优势，符合云南农业大省的现实考量。未来几年，是云南农业加快发展方式转变、实现云南高原农业跨越式发展的关键阶段，对于立足高原特点、结合云南特色、体现现代农业特征，加快推进云南高原特色现代农业发展步伐，具有重要的现实意义和深远的历史意义。

本书以云南曲靖为例，针对云南实践高原特色现代农业开展研究。第一、二章对高原特色现代农业高质量发展及现代农业高质量发展进行了理论梳理，包括高原特色农业、现代农业理论相关概念及内涵、特征和发展思路，云南发展高原特色现代农业的历程及发展意义、必要性和发展方向，同时总结云南高原特色农业“十三五”取得成效；第三章至第六章以曲靖市为例，分析区域高原特色现代农业高质量发展条件和基础、研判区域发展优势、厘清发展思路，确定目标定位、提出发展策略，明确建设主要任务；同时针对曲靖市，分析确定主导优势产业，并以主导优势产业为单元进行规划和布局。

本书编写工作得到了云南省曲靖市委市政府、曲靖市农业农村局等单位和相关工作人员的大力支持。随着云南省农业农村现代化的不断深化和发展，高原特色农业在落实乡村振兴战略巩固脱贫攻坚成效中的关键作用不断显现，希望本书能够为研究特色农业发展提供参考和借鉴，为促进云南高原特色农业发展提供理论依据和应用支撑。限于编者水平和经验，书中难免存在不足之处，恳请读者批评指正。

编　者

2022 年 12 月

目　　录

第一章

高原特色现代农业

第一节　高原特色农业理论

一、高原特色农业的概念

我国有四大高原，分别是内蒙古高原、黄土高原、青藏高原和云贵高原，这四大高原的气候条件和降水条件以及地质、土壤条件都有自己的特色。

内蒙古高原是蒙古高原的一部分，位于长城以北，大兴安岭以西，一般海拔 1 000~1 200 米，南高北低。内蒙古高原戈壁、沙漠、沙地依次从西北向东南略呈弧形分布，是中国多风地区之一。内蒙古高原是中国重要的牧场，草原面积约占高原面积的 80%，属欧亚温带草原区的一部分，是中国最大的绵羊及山羊放牧区和中国骆驼主要产区之一。

黄土高原位于我国西北部黄河中上游，是横跨青海、宁夏、甘肃、陕西、内蒙古、山西、河南 7 省（区）的黄土堆积区。海拔 1 000~2 000 米，黄土厚 50~80 米，是世界上最大黄土覆盖区。气候较干旱，降水集中，植被稀疏，水土流失严重。黄土颗粒细，土质松软，含有丰富的矿物质养分，利于耕作，盆地和河谷农垦历史悠久。黄土高原自然环境的最大特点是地处我国湿润带与干旱带的过渡地区，且多山脉，生态环境难以用地带性一并概括，森林与草原交错分布。土层异常深厚，矿物质丰富，区域水系众多，极利于农业生产的进行。

云贵高原位于中国西南部，处在青藏高原向湖南、广西丘陵山地的过渡地带，地势西北高，东南低。大致以乌蒙山为界分为云南高原和贵州高原两部分，海拔在 400~3 500 米，属亚热带湿润区，为亚热带季风气候，气候差别显著。云贵高原丰富多样的自然环境，造就了生物的多样性和文化的多样性，是中国森林植被类型最为丰富的区域，动植物资源丰富。

青藏高原地处我国远西部，包括青海、西藏两省（区）和四川甘孜、阿坝，云南迪庆及甘肃甘南4个藏族自治州，海拔4 000米以上。高原自然环境独特，生态系统脆弱，资源丰富。青藏高原奇特多样的地形、地貌和高空空气环流以及天气系统的影响，形成了复杂多样的气候。总特点是气温低、年较差小，太阳辐射与日照充足，是世界年雹日数、多雹区范围最大的地区。

农业部①（2003）《关于加快西部地区特色农业发展的意见》指出，"特色农业是指具有独特的资源条件，明显的区域特征，特殊的产品品质和特定的消费市场的农业产业"。高原特色农业是指高原地区借助独特的自然资源优势，以科学知识和高新科学技术为基础，以农产品产业化、市场化、效益化为中心，以市场需求为导向，生产优质独特产品的农业类型。

二、高原特色农业的内涵

特色农业是以当前社会消费需要为导向，突出该区域的特色，根据当地独特的自然地理环境、地形地貌特征、气温降水条件、资源禀赋情况、经济及社会产业基础等方面，充分利用该地域内特有的与众不同的优势农业资源，发展开发并生产出高品质、高附加值及高市场竞争力的农产品及相关加工制品。相对于常规农业而言，特色农业是集合品质优势、特色优势、规模优势、地域优势和市场竞争力优势为一体的高效农业。

1. 特色农业的内涵

第一，特色农业是市场经济的产物。传统以自给自足为主的农业，是不可能注重特色的，而市场竞争使进入市场的商品和服务优胜劣汰。一种农产品进入市场且有很好的盈利率，其自身必须具有特点或特色。"特色"本身不是目的，而是农产品进入市场的一种手段。

第二，区域特色资源是特色农业发展的基础。特色农产品是特殊资源物质形态的加工和转化；发展特色农业要以区域的资源、区位、技术、环境等优势为前提。

第三，新科技是特色农业发展的支撑。现代农业是依靠科学技术以及先

① 2018年3月机构改革，组建农业农村部，不再保留农业部。

进的物质装备来进行农业生产的，特色农业的“特色”更是依靠特殊农业科技作为实现的保障。

第四，特色农业是具有一定规模的高效农业。特色农业是适应市场经济发展而产生的，规模经济效益是降低成本，创造利润的基础。在现代市场经济条件下，特色农产品要形成巨大的经济优势，必须依托一定规模的产业开发，从而形成独具优势的特色农产品。

第五，特色农业是可持续农业。特色农业是可持续农业的一个组成部分，其发展必须依靠科学进步而不是资源的无序开发，必须是既保护生态环境又产生经济效益的特色农业。

特色农业与传统农业的主要区别在于它不以满足人们的基本生活需要为目的，而以满足人们日益增长的对农产品多样化的需要为目的，所以在发展过程中强调以市场为导向，以效益为中心，强调资源的异质化和产品的优质、高值（价值）化；强调布局上的区域性和供给上的特殊性。

2. 高原特色农业内涵

第一，高原特色农业本质上就是现代农业。高原特色农业就是符合当地实际、彰显当地优势、体现当地特色的现代农业，是我国现代农业发展模式的积极探索和创新，也是对现代农业发展理论的不断丰富和发展。

第二，高原特色农业是具有本地区特色的现代规模农业。高原特色农业依托于当地得天独厚的气候、土壤、物种等生态环境优势和优厚的自然禀赋，充分利用各种区位优势，实现最大经济效益和最佳生态效益为目标而开发出的具有本地区特色的现代规模农业。

第三，高原特色农业是经济和社会发展到一定阶段后农业的新模式。高原特色农业根据市场导向追求效益，在科学和技术的支持下，基于高原区域资源禀赋，通过产业化、规模化和品牌优势发展当地的农产品，构建相应的产业链和农业社会化服务体系，是一个体现当地比较优势，并获得明显的产业竞争优势的过程。

第四，高原特色农业与现代农业具有天然的内在联系。一是生产目的一致。都是致力于生产“高产、优质、高效、生态、安全”的农产品，保障人类生存和发展的物质供给，稳步增加农民收入。二是发展方向一致。都是致力于实现土地产出率、资源利用率和劳动生产率的稳步提高，致力于农业水利化、机械化和信息化水平的稳步提高。三是发展方式一致。都是通过用现代物质条件装备农业，用现代科技改造农业，用现代经营形式推进农业，用培养新型主体发展农业，提高农业水利化、机械化、科技化、信息化、集约化水平。四是组织方式一致。都是在以家庭经营的基础上，大力发展农业企业、专业合作组织等多种经营主体，提高农业生产经营的组织化程度。

三、高原特色农业的特征

高原农业作为一种特定的区域农业，是主要依靠得天独厚的自然资源、地理环境而形成的特色农业，它具备以下几个特征。

第一，地域性。农业生产本身存在地域差异的特点，使各自地区的农业生产类型各不相同，并伴有其不同的特色，这种地域性在当地消费市场占有无法取代的地位，在周边消费市场也占有产品的绝对优势，且在全球消费市场也具有一定的相对优势，甚至某些产品在某些地区占有绝对优势。高原特色农业生产具备一定的地域性，就云南而言因地域的差异使其拥有得天独厚的高原特色资源，使得不同的地区所生产出的农产品存在生产上的地域性差异。

第二，优质性。特色农产品的优质是特色农业最显著的特点，口味地道纯正、原料天然少加工、营养价值高的特色农产品不论在健康、口感，还是包装等各方面都是独特的，与众不同的，而且是优质的。对于特色农业来说，市场和效益保障的一条重要途径就是借助其产品的区域性及其独特品质来满足市场上高品质和特殊品质农产品的供给。由于特色农产品一般在品质、竞争力、市场需求等方面表现出极大的优势，一旦其形成规模化生产，收益会相当显著。高原特色农业所生产出的农产品品质优，本身该农产品具备地域性差异，如果不具有独特的优质品质很难让高原特色农业产业当中生产出的农产品在市场当中形成其独有的品牌。

第三，开放性。特色农业以区域优势为基础，客观上形成了一定程度的专业化生产，区域之间必须加强经济联系和技术合作。特色农业的特色只有在市场环境下，在与同类产品的比较中才能体现出来。在封闭的环境下，单纯依靠自我发展是体现不出其特色的。特色农业只有在投入市场竞争的条件下，将开放、交流与特色紧密相连，面向国内外市场，只有这样特色农业的特色及其经济价值才能得到体现。高原特色农业是地域性区域性农业，在满足本地的经济需求的同时也需要通过外部的市场使高原特色农产品能在外部流通，在全国各地销售，以其获得更大的市场空间，获得更多的经济效益。

第四，动态性。特色农业本身也存在着生命周期，有一个产生、发展、成熟和衰落的过程。特色农业的动态变化主要源于市场变化、要素流动及技术变革。不同时期的市场需求反映出不同的对特色农产品的需求，从而对特色农业提出新的要求和内容。技术的变革则使特色农业的发展条件不断得到完善。

四、高原特色农业发展思路

高原特色农业的发展应形成“以农业资源为基础，以市场需求为导向，以质量效益为中心，以技术创新为依托，以政策扶持为保障”的新的特色农业发展战略。就云南加快高原特色农业发展而言，要把习近平总书记关于“三农”工作的系列讲话和视察云南重要讲话精神作为根本遵循，坚持新发展理念，以“保供给、保增收、保生态、保稳定”为目标，以实施乡村振兴战略为总抓手，以推进农业供给侧结构性改革为主线，以构建高原特色现代农业经济体系为根本立足点，以“绿色食品牌”打造为重点，按照突出特色、发挥优势、合理布局、规模种植、面向市场、提质增效的要求，在稳定粮食生产、巩固传统产业和突出发展重点的基础上，推动优势农产品向最适宜区聚集发展；以粮食生产功能区和重要农产品生产保护区为重点加快推进高标准农田建设，建设和管理好云南省粮食生产功能区和重要农产品生产保护区以及特色农产品优势区，突出重点、把握关键，构筑高原特色农业发展科技支柱。

第二节　云南高原特色现代农业

一、云南发展高原特色现代农业的历程

云南高原特色农业发展有以下四个阶段。

第一个阶段：改革开放到 20 世纪 90 年代中期。重点发展“烟、糖、茶、胶”四大特色产业，将其培育成云南经济支柱产业，并建成全国举足轻重的烤烟、甘蔗、茶叶、橡胶生产基地。

20 世纪 90 年代，农村联产承包责任制释放出的巨大能量让农民吃饱肚子之后，靠“特色”赚钱、发展特色优势农业的构想便在红土高原萌生。依托红土地独特而丰富的自然资源优势，烟、糖、茶、胶率先起步，并很快撑起农村经济火红一片天，其间云南省委、省政府提出了相关意见推动特色产业发展：

1980 年 8 月 30 日，中共云南省委、云南省人民政府向中共中央、国务院报送云南省《关于发展热带作物的规划意见》《关于发挥西双版纳热带资源优势的规划意见》，提出了发展云南省热带作物的方针、政策、措施以及管理体制等意见。

1983 年 2 月 26 日，云南省人民政府转发省农委《关于发展民营橡胶为主的热带作物生产的意见》，提出发展热带作物生产实行国家、集体、个人一齐上的方针，并以扶持专业户和各种形式的合作经济为重点。

1989 年 11 月 5 日，时任中共云南省委书记普朝柱在省委农村工作部《关于深化农村改革建立社会化服务体系的报告》上作了批示，提出对开发性农业，要在农民自愿联合的原则下，发展规模经营，如云南的茶叶、橡胶、热带水果等基地。

第二个阶段：20 世纪 90 年代中期至 21 世纪初。重点针对全省富集的 18 类生物资源进行产业化综合开发，农业特色产业进一步丰富和发展壮大。

独特优势产生的产业效应，让农民群众感受到了特色农业结出的财富果实是那样的真切，由烟、糖、茶、橡胶点燃的“特色激情”在云岭山乡勃发。此后，花卉、蔬菜、马铃薯、咖啡、南药、经济林果等一批散发着红土高原芳香的农产品独树一帜，并显示出做大做强的现实趋向和丰厚的开发潜力，对此云南省委省政府出台了相关制度促进特色农业发展：

1994 年 1 月，省政府下发了《云南省人民政府关于切实搞好我省茶叶开发工作的通知》，提出因地制宜加快茶叶产业的发展，高标准、高质量地搞好茶园建设，继续提取茶叶生产扶持费，适当调整茶叶税赋。

1994 年 7 月，省政府下发了《云南省人民政府关于加快发展花卉产业的通知》，提出统筹规划，合理布局，加快花卉产业的开发；积极选育、繁殖、推广优良品种；千方百计增加对花卉的投入。

1994 年 12 月，省政府下发了《云南省人民政府关于抓住机遇积极发展我省蚕桑丝绸产业的通知》，提出加快优质蚕桑基地建设，增加投入，理顺经营关系，建立蚕种（原种、普种）生产和质量监督机制。

1998 年 7 月，省政府制定了《云南省人民政府关于加快花卉产业发展的意见》，提出建立完善花卉产业化发展的科技支撑体系，加强花卉基地和基础设施建设，强化市场体系建设，建立完善社会化服务体系，加强地方性法规建设。

1998 年 7 月，省政府制定了《云南省人民政府关于加强咖啡产业发展的意见》，提出加快咖啡产业发展的八条措施。

2001 年 2 月，省政府制定了《云南省人民政府关于发展茶叶产业的意见》，提出实施名优茶工程，实施名牌战略。

2002 年 4 月，省政府下发了《云南省“十五”农业发展纲要》，提出改造提升六大产业调整优化经济结构；提升特色种植业；优化畜牧水产业；创新现代林产业；壮大农产品加工业；发展农产品流通业；培植农村旅游业。

2004 年 5 月，《中共云南省委、云南省人民政府关于贯彻中共中央、国务院关于促进农民增加收入若干政策的意见的实施意见》提出，优化优势农产品区域布局，认真实施全省优势农产品区域布局规划，依靠科技创新，改造提升粮、烟、糖、茶、胶、桑、核桃等传统优势产业，不断提高产业规模和档次。重点支持马铃薯、蔬菜、中药材、食用菌、干果、麻类等具有竞争优势农产品的生产。

2005 年 3 月，中共云南省委、云南省人民政府关于贯彻《中共中央、国务院关于进一步加强农村工作提高农业综合生产能力若干政策的意见》的实施意见提出：“加快发展特色农业。继续调整优化农业结构，全面实施优势农产品推进工程，加快优势农产品产业带建设。在改造提升传统产业的基础上，重点加大花卉、天然药材、食用菌等新兴特色产业的培育”。

2005 年 4 月，云南省人民政府关于加快茶叶产业发展的意见提出：进一步完善云南茶叶产业体系，提高行业整体竞争力和经济效益，把“云茶”培育成我省继“云烟”“云药”“云花”之后的又一重要品牌，成为全国乃至世界具有较大影响力的知名产业。

2006 年 3 月，中共云南省委、云南省人民政府关于贯彻《中共中央、国务院关于推进社会主义新农村建设的若干意见》的实施意见提出：“十一五”期间，我省推进社会主义新农村建设的主要任务是形成产业发展新格局，优化农业农村经济结构，发展特色优势产业，转变经济增长方式，提高农业综合生产能力；实施产业支撑打造工程。围绕建设绿色经济强省的战略目标，按照发展高产、优质、高效、生态、安全农业的要求，调强优势产业、调优特色产业。巩固提升烟、糖、茶、蔬、薯、桑等传统优势产业，大力发展保健食品、药材、花卉、咖啡和生物能源等新兴特色产业。加快以猪禽、肉牛、肉羊、奶业为主导的畜牧业发展。以林权改革为突破口，抓好以核桃、板栗、橡胶、水果等为重点的特色经济林和林（竹）浆纸一体化等八大林业产业发展。根据优势农产品区域布局规划，科学合理调整产业布局，重点建设一批特色产业的规模化、集约化基地，形成一批优质特色农产品产业集群和产业带。

2006 年 8 月，中共云南省委、云南省人民政府《关于加快推进农业产业化经营的意见》提出：培育特色优势产业。围绕建设绿色经济强省的目标，充分发挥我省农业在国内外市场上的比较优势，大力发展特色产业、绿色产业、创汇产业和新兴产业。种植业要在确保粮食稳定增长的前提下，巩固提升烟草、甘蔗、茶叶、橡胶、蔬菜、马铃薯、水果、干果等传统特色优势产业，加快发展咖啡、花卉、中药材等生物资源开发创新和新兴特色产业。发展区域特色主导产业，逐步形成标准化、规模化原料基地与龙头企业相配套的特色产业带，优化优势农产品区域布局。

2007 年 4 月，云南关于贯彻《关于中央积极发展现代农业扎实推进社会主义新农村建设的若干意见》的实施意见中提出：发展现代农业必须遵循客观规律，有重点、有计划、有步骤地扎实推进，努力走出一条具有云南特色的现代农业发展道路。加快发展现代农业，必须注重开发农业的多种功能，结合我省优势特色产业特点，促进农业结构不断优化升级，完善现代农业经营体系，提高农业农村经济的综合效益和竞争力。发展壮大特色种植业，加快发展生态养殖业，做强做大林产业，加快发展农产品加工业，积极发展乡村旅游业，构筑现代农业的产业体系。

2008 年 5 月，中共云南省委、云南省人民政府关于贯彻《中共中央、国务院关于切实加强农业基础建设进一步促进农业发展农民增收的若干意见》提出：走云南特色现代农业发展道路，大力发展特色现代农业。

2009 年 1 月，中共云南省委贯彻《中共中央关于推进农村改革发展若干重大问题的决定》的实施意见提出：大力发展特色种植业，继续提升优势特色产业，建立一批示范区和种植加工基地，把云南建成全国重要的优质烟叶、马铃薯、蔗糖、天然橡胶、茶叶、蔬菜、水果、干果、蚕桑、南药等生产基地和亚洲花卉中心。大力发展特色林产业，重点建设一批核桃、油茶、油橄榄、膏桐、油桐基地县，建成全国重要的木本油料基地，建设速生丰产林和笋材两用竹林生产基地，建设林（竹）浆纸一体化产业基地，建成中国最好的天然橡胶原料基地，积极开发松脂、野生食用菌等林副产品和林下资源。大力发展现代畜牧业，突出抓好规模化饲养和“畜—沼—肥”生态养殖，推广养殖小区，培养一大批养殖专业户、重点户和养殖专业合作社，重点建设一批生猪、肉牛、肉羊、奶牛、山地禽类基地县，建成全国重要的常绿草地畜牧业及肉类加工出口基地。大力发展农产品加工业，实施“农产品加工推进工程”，积极引进和培育壮大一批农产品加工企业，形成一批规模化、标准化、设施化、品牌化的现代特色农业示范区。加快发展乡镇企业，大力发展乡村特色旅游业和劳务经济。搞好优势农产品产业布局规划，加强农产品标准化和农产品质量安全工作。

2009 年 3 月，中共云南省委、云南省人民政府《关于 2009 年促进农业稳定发展农民持续增收的若干意见》提出：推进农业结构战略性调整。加快制定实施新一轮优势农产品区域布局规划。继续巩固提升蔗糖、茶叶、橡胶、咖啡等传统优势产业，启动“南菜北运”生产基地建设，扩大无公害蔬菜和反季节蔬菜生产规模；加快发展马铃薯生产，加强“双低”油菜生产基地建设；积极培育山区香料、花卉、蚕桑、干鲜果、食用菌、中药材和生物质能源等新兴优势产业；充分利用我省丰富的生物资源，围绕优势特色产业，全面启动优势生物产业推进计划。

2009 年，云南省人民政府《关于开展现代农业示范区建设促进优势特色产业发展的意见》提出，紧紧围绕烟草、稻谷、玉米、马铃薯、麦类、油菜、甘蔗、茶叶、橡胶、蔬菜、木本油料、水果、蚕桑、花卉、咖啡、中药材、生猪、肉牛肉羊、奶牛、渔业等 20 类产业的分布和规模及今后的趋势，在条件适宜、发展良好的区域选择不同的县（市、区）开展现代农业示范区建设，加快建立和完善我省优势特色农产品标准化生产基地、农业科技辐射区、优质高效农业样板区、创新农业发展机制试验区。

2010 年 4 月，中共云南省委、云南省人民政府贯彻《中共中央、国务院关于加大统筹城乡发展力度进一步夯实农业农村发展基础的若干意见》提出，大力发展现代特色产业。按照“连片开发、突出特色、发挥优势”的思路，开展现代农业示范区建设，促进农产品种养基地向最适宜区集中。

第三个阶段：2011 年至 2014 年。重点是发展高原特色农业，建设高原粮仓、特色经作、山地牧业、淡水渔业、高效林业、开放农业，打造“丰富多样、生态环保、安全优质、四季飘香”“四张名片”。

“十二五”以来，云南始终把打造高原特色农业品牌、加快发展高原特色农业作为重点的经济工作来布局。云南省委、省政府认真贯彻落实党中央、国务院关于全面深化农村改革加快推进农业现代化的决策部署，从云南实际出发，谋划和实施了一批农业农村重要改革，突出实施了农业庄园、兴水强滇、美丽乡村、森林云南、扶贫开发、民生改善等重大发展举措，扎实推进高原特色农业现代化和城乡发展一体化，分别提出了促进云南高原特色现代化农业发展的若干重要意见。

2011 年 1 月，中共云南省委、云南省人民政府《关于推进农业产业化发展扶持农业龙头企业的意见》提出，围绕畜牧、果蔬、茶叶、薯类、生物药、蔗糖、花卉、木本油料、橡胶、林产业、咖啡、蚕桑等 12 类特色优势产业，推进农业产业化发展、大力培育农业龙头企业。加大优势特色产业发展政策扶持。

2011 年 11 月 25 日召开的云南省第九次党代会报告指出："大力发展高原特色生态农业调快调优一产。继续实施百亿斤粮食增产计划，确保粮食安全。发挥地域和气候优势，建设烟糖茶胶、花菜果药、畜禽水产、木本油料等特色原料基地，做大做强龙头企业，打造优势特色农产品品牌，以农业产业化推动农业现代化"。

2012 年 1 月，云南省人民政府办公厅《关于印发云南省"十二五"现代农业发展规划的通知》提出：推动特色产业向优势区域集中，做强做大特色种植业、生态养殖业、现代林产业、农产品加工业和乡村旅游业五大特色优势产业；在优化结构、提质增效和高效农业规模化、生产经营产业化的基础上，做大做强特色农业；重点建设以烤烟、橡胶、咖啡、中药材等为特色的工业原料基地，提高蔬菜、茶叶、花卉等特色园艺产品基地建设水平，加大优质粮油生产基地、畜牧水产养殖基地、木本油料原料基地、南菜北运和云菜外销生产基地的建设力度；做强做大特色优势产业。大力培植烟草、畜牧、果蔬、茶叶、薯类、生物制药、蔗糖、花卉、木本油料、橡胶、林产业、咖啡、桑蚕等 13 类特色优势产业。做优做强特色种植业，大力发展花卉园艺绿化、食用菌、咖啡、中药材等新兴特色产业，建成全国特色产业示范区；做大畜牧水产业，加快发展肉牛养殖和品种优、用地少、效益好的水产品养殖，巩固全国主产省的地位；大力发展林产业，培育和营造一批特色经济林、生物质能源林、速生丰产林、珍贵用材林、竹藤等基地，建成全国最大的木本油料基地，打造新的生态经济增长点。

2012 年 5 月，中共云南省委、云南省人民政府《关于加快实施科技兴农战略持续增强农产品供给保障能力的若干意见》提出：以优势特色产品为主导，大力推进高原特色农业发展。"大力发展高原粮仓、特色经作、山地牧业、淡水渔业、高效林业和开放农业。按照区域化布局、标准化生产、规模化种养、产业化经营的要求，突出特色优势产业，打造一批优势产业基地，构建集生产、加工、物流、研发、推广、防控为一体的现代农业体系，加快形成国内外知名的高原生态特色农业品牌。加快转变农业发展方式，推进产业连片开发，建立利益导向机制、制定优惠政策、集中发展资源，积极推进山区林果化、坝区设施化、城郊园艺化、养殖小区化建设，鼓励投入向优势产业集中、产业向优势产区集中、农产品加工向园区集中、土地向专业合作社和大户适度集中，着力打造区域优势明显、综合效益高、示范带动力强的优势特色农业产业带。”

2012 年 6 月 21 日云南省高原特色农业推进大会在曲靖召开，会议强调：要深入贯彻落实胡锦涛同志在参加十一届全国人大五次会议云南代表团审议时的重要讲话精神和省第九次党代会精神，以加快转变农业发展方式为主线，重点建设“六大内容”，全力打响“四张名片”，着力推进“八大行动”，精心打造一批特色优势产业，在全国乃至世界上推出有优势、有影响、有竞争力的云南特色优势农产品品牌，推动高原特色农业迈上新台阶，为实现跨越发展奠定坚实基础。

2012 年 8 月，云南省政府作出《云南省人民政府关于命名第一批高原特色农业示范县的决定》，命名嵩明等 40 个县（市、区）为第一批“云南省高原特色农业示范县”。受命名的县（市、区）围绕打响“四张名片”、重点建设“六大内容”的高原特色农业发展思路，充分发挥比较优势，选择自然条件好、产业基础牢、发展前景优、竞争实力强的优势特色产业，集中力量重点培育。

2012 年 9 月 1 日，中共云南省委、云南省人民政府《关于加快高原特色农业发展的决定》提出，通过发展高原特色农业，重点拓展食物保障、原料供给、就业增收、生态保护、观光休闲、文化传承六大功能，着力建设农产品生产、农产品加工、农产品物流、种质资源研发、农业技术推广、西南边境动植物安全防控“六大基地”。充分利用云南优越的自然禀赋和发展基础，按照市场需求和消费者喜好，顺应绿色经济发展潮流，发展云南高原特色农业。以“丰富多样，生态环保，安全优质，四季飘香”特点，打响“四张名片”。通过“四张名片”，打造在全国乃至世界有优势、有影响、有竞争力的“云系”“滇牌”绿色战略品牌，以品牌带动产品生产、以产品带动产业发展，提高云南高原特色农业知名度，扩大高原特色农业影响，增强农业发展的动力和活力。

2013 年 4 月 18 日，中共云南省委、云南省人民政府《关于加大改革创新力度进一步增强农业农村发展活力的意见》提出，全力推进高原特色农业发展。重点在加快发展高原特色农产品上取得突破，实施高原特色农业“十百千”行动计划，通过 5~10 年的努力，围绕茶叶、咖啡、石斛、柠檬、野生菌、花卉、酒业、生物药、渔业牧、木本油料、竹藤等优势产品单元，努力培育扶持形成一批产值超百亿元、数百亿的大型农业龙头企业集团，推动形成 10 个以上产值超千亿，甚至数千亿的农业产业。

2014 年 4 月，时任农业部部长韩长赋在云南调研时提出，云南高原特色农业已与东北大农业、江浙集约农业和京津沪都市农业一起，成为我国现代农业的四种发展模式之一。

2014 年 5 月，云南省人民政府《关于进一步做好金融服务“三农”发展的实施意见》提出，支持高原特色农业发展。各金融机构要围绕高原粮仓、特色经作、山地牧业、淡水渔业、高效林业、开放农业六大重点，以支持庄园经济为抓手，积极开发符合行业特点的金融产品，在利率、期限、额度、流程、风险控制等方面创新，进一步满足家庭农场、专业大户、农民专业合作社和农业产业化龙头企业等经营主体的金融需求。积极做好农副产品加工、旅游、民族文化产业等特色优势行业的金融支持。

2014 年 5 月，中共云南省委、云南省人民政府《关于全面深化改革扎实推进高原特色农业现代化的意见》提出，按照稳定政策、改革创新、持续发展的总要求和高原特色农业发展再上新台阶的总体部署，围绕新农村建设战略任务，全面深化农村改革，突出粮食安全、农民增收和民生改善三大目标，以改革为动力，强化惠农政策，增强科技支撑，大力推进项目建设，加快推进高原特色农业现代化。大力发展特色农业。“确立品牌引领发展理念，推进品牌定位国际化、品牌打造高端化、品牌推广全球化，全力打造高原特色农业和生物产业品牌。瞄准有机、绿色、品质、文化高端定位，加快烟、糖、茶、胶、核桃、水果、蔬菜、花卉、蚕桑、食用菌、咖啡、中药材、淡水渔业等特色产业发展，大力开发优质安全农产品。”

2014 年 7 月，中共云南省委、云南省人民政府《关于大力发展现代农业庄园的意见》提出，发展现代农业庄园是加快高原特色农业发展的有效途径，是推进高原特色农业发展方式转变的重大举措。“围绕高原粮仓、特色经作、山地牧业、淡水渔业、高效林业和开放农业六大高原特色农业发展重点，坚持错位化、差异化、特色化发展，大力发展不同产业、不同类型、不同功能、不同模式的现代农业庄园，宜种则种、宜养则养、宜林则林、宜果则果、宜牧则牧、宜渔则渔、宜工则工、宜游则游，形成千姿百态的竞争性、协调性现代农业庄园发展格局”。

第四个阶段：2015 年至今。重点是以习近平总书记考察云南时的重要讲话精神为指导，落实省委、省政府推动的“两型三化”、打造世界一流“绿色食品牌”的工作部署，发展茶叶、花卉、水果、蔬菜、坚果、咖啡、中药材、肉牛、生猪等重点产业，把云南高原特色现代农业明确打造为万亿级支柱产业。

2015年1月19日至21日，习近平总书记视察云南时指出：要坚持城乡统筹发展，坚持新型工业化、信息化、城镇化、农业现代化同步推进，实现城乡发展一体化。肯定了我省“立足多样性资源这个独特基础，打好高原农业这张牌”的做法。

2015年1月29日，中共云南省委、云南省人民政府关于强化改革举措落实加快高原特色农业现代化建设的意见提出，主动适应经济发展新常态，按照稳粮增收、提质增效、创新驱动的总要求，以全面深化农村改革为突破口、加快转变农业发展方式为着力点、推进美丽乡村建设为总抓手，加快高原特色农业现代化建设，着力改善民生，全面推进农业农村法治建设，巩固和发展农业农村好形势。全力打造高原特色农业品牌。大力发展绿色农业、特色农业和品牌农业。

2015年3月31日，中共云南省委《关于深入贯彻落实习近平总书记考察云南重要讲话精神闯出跨越式发展路子的决定》要求：着力推进现代农业建设，促进高原特色现代农业提质增效。积极发展高原特色现代农业。在“特”上做文章、下功夫，念好“山字经”、唱好“林草戏”，促进农业增效、农民增收。

2015年4月29日，云南省人民政府《关于促进全省经济平稳健康发展的意见》提出，推动高原特色农业加快发展，积极培育农业产业化“小巨人”。

2015年5月20日，云南省农业厅①贯彻落实《云南省人民政府关于促进全省经济平稳健康发展的意见的实施意见》提出，进一步推动高原特色业加快发展，确保完成农业增加值增长6%以上的目标，提出通过培育农业“小巨人”，打造农业农村经济增长引擎；深化农村改革，激发农业农村经济发展活力；完善工作手段，提升农业农村经济发展质量。

2015年9月23日至24日，时任云南省委书记李纪恒在红河州弥勒市举行的“云南省高原特色农业现代化建设推进现场会”上强调，各级党委、政府和各级涉农干部要加强领导、落实责任，用工业化理念、城乡一体化的思维来谋划高原特色现代农业建设；要整合资源，加大投入，充分发挥涉农财政资金撬动作用，建立“聚沙成塔”的多元投入模式；要求真务实，转变作风，认真践行“三严三实”和“忠诚干净担当”要求，提高工作的科

① 2018年10月更名为云南省农业农村厅。

学性和政策的针对性、实效性，推动云南高原特色现代农业建设实现新跨越。

2015 年 10 月 27 日，云南省人民政府办公厅《关于加快转变农业发展方式推进高原特色农业现代化的意见》就加快转变农业发展方式，推进高原特色农业现代化提出，通过实施现代农业“四个一批”工程，力争用 3~5 年时间，投入财政与信贷资金 1 000 亿元以上，建设一批与新型农业经营主体对接的专业化、标准化、规模化、集约化生产基地，打造一批综合效益好的种养型、加工型、流通型和综合型农业“小巨人”企业，形成一批优势特色主导产业突出、精深加工水平高、上中下游产业配套、带动能力强的农业龙头企业集群，培育一批产品竞争力强、市场占有率高、消费者口碑好的云南知名农业品牌。到 2020 年，高原特色农业发展方式转变取得积极进展，综合生产能力明显增强，产业化水平显著提升，农民收入持续增加，为与全国同步全面建成小康社会提供有力支撑；全省农林牧渔业增加值达到 3 000 亿元以上，农村常住居民人均可支配收入达到 13 000 元以上，森林覆盖率力争达到 60%。到 2030 年，转变农业发展方式取得显著成效，农业科技自主创新、集成创新与推广应用能力显著提高，农业经营组织化、专业化、集约化、社会化和规模经营产出水平显著提升，主要农作物耕种收综合机械化水平显著提高，农业抗御自然灾害的能力显著增强，农业支持保护体系进一步完善，主要农产品供给保障有力，特色农产品优质安全，农业资源利用高效、产地生态环境优良、产业发展有机融合、生态系统稳定、农民生活富裕、田园风光优美的农业可持续发展新格局基本确立。

2015 年 11 月，云南省人民政府办公厅《关于培育壮大农业小巨人的意见》提出，围绕高原特色现代农业发展，以农业龙头企业为基础，以增强原料保障、推进技改扩能、加快市场拓展、鼓励创新融资、完善科技支撑、推动产业聚集为重点，以加强组织领导、加大财政扶持、落实优惠政策、提升服务能力、严格责任考核为保障，培育壮大农业小巨人，提升全省农业产业化经营水平，助推高原特色农业现代化。

2016 年 10 月，云南省人民政府办公厅《关于推进农村一二三产业融合发展的实施意见》指出，着力构建高原特色现代农业与二三产业融合发展的现代产业新体系，调整优化高原特色现代农业产业结构。

2016 年 11 月，云南省人民政府《关于印发云南省产业发展规划（2016—2025 年）的通知》提出，着力发展 8 大重点产业，形成经济增长新动力。重点推进生猪、牛羊、蔬菜、花卉、中药材、茶叶、核桃、水果、咖啡和食用菌等产业，按照国家农业产业布局，积极推进糖料、薯类发展，打响高产、优质、高效、生态、安全的高原特色现代农业品牌，增强农产品安全保障能力。到2025年，高原特色现代农业总产值达到12 000亿元左右。

2017年1月，云南省人民政府办公厅《关于印发云南省高原特色现代农业产业发展规划（2016—2020年）的通知》提出，以推进农业供给侧结构性改革为主线，以加快转变发展方式为抓手，以农村一二三产业融合发展为目标，走产出高效、产品安全、资源节约、环境友好的现代农业发展道路，在确保粮食安全的前提下，全产业链打造生猪、牛羊、蔬菜、中药材、茶叶、花卉、核桃、水果、咖啡、食用菌十大重点产业，实现农业提质增效和农民持续增收，与新型工业化、信息化、城镇化同步实现农业现代化。到2020年，高原特色农业现代化建设取得明显成效，高原特色现代农业产业体系、生产体系和经营体系不断完善，装备条件显著改善，产业结构逐步优化，产业发展有机融合，资源利用和生态环境保护水平不断提高，农业质量、效益和竞争力明显提升，把我省打造成为全国绿色农产品生产基地和特色产业创新发展辐射中心的总体目标。

2017年3月，云南省人民政府办公厅《关于印发云南省重点产业标准提升行动计划的通知》提出以高产、优质、高效、生态、安全为重点，建立健全高原特色现代农业产业标准体系。

2017年3月，云南省人民政府办公厅《关于印发云南省高原特色农业现代化建设总体规划（2016—2020年）的通知》提出了高原特色农业现代化建设的总体思路、发展原则、发展重点、主要任务和保障措施，指导全省高原特色农业现代化建设。

2017年10月，云南省人民政府办公厅《关于推进现代农业产业园建设的指导意见》提出以农业供给侧结构性改革为主线，以绿色发展为导向，着力优化园区功能布局，创新建管体制，强化政策支持和建设管理，使产业园成为我省高原特色现代农业产业引领区的定位。形成以国家级现代农业产业园为引领、省级产业园为支撑、州市级产业园为依托的高原特色现代农业发展新格局。

2018年4月28日，云南省人民政府办公厅《关于成立云南省打造世界一流“绿色食品牌”工作领导小组的通知》提出，为深入贯彻实施乡村振兴战略，推动高原特色现代农业高质量发展，打造世界一流“绿色食品牌”，省人民政府决定成立云南省打造世界一流“绿色食品牌”工作领导小组，贯彻落实省委、省政府决策部署，全面组织、指导、协调和推进打造世界一流“绿色食品牌”工作，研究制定产业发展战略、重大政策措施；统筹协调解决工作中的重大问题；组织开展全省打造世界一流“绿色食品牌”考核评价工作。

2019 年 5 月，中共云南省委、云南省人民政府《关于坚持农业农村优先发展做好“三农”工作的实施意见》提出做大做强优势特色产业，着力拓宽农民增收渠道。

2019 年，云南省人民政府办公厅《关于印发特色农产品等 9 个领域质量提升行动方案的通知》提出，围绕打造世界一流“绿色食品牌”，突出农产品绿色有机化发展定位，聚焦茶叶、花卉、水果、蔬菜、坚果、咖啡、中药材、肉牛 8 个重点产业，通过开展特色农产品质量提升行动，打造特色农产品自主品牌，突出“高原特色、生态精品”主题，依托资源优势、突出重点产业，持续开展云南省绿色食品“十大名品”评选工作。

2019 年 5 月，云南省人民政府《关于创建“一县一业”示范县加快打造世界一流“绿色食品牌”的指导意见》提出，通过创建“一县一业”示范县，为推动乡村产业兴旺、打赢脱贫攻坚战提供有力支撑，为推动高原特色现代农业高质量发展、打造世界一流“绿色食品牌”奠定坚实基础。

2019 年，云南省人民政府办公厅《关于公布云南省“一县一业”示范县和特色县名单的通知》公布了省政府将勐海县等 20 个县、市、区列为云南省“一县一业”示范县（以下简称示范县），将昌宁县等 20 个县（区）列为云南省“一县一业”特色县的决定。

2020 年 6 月，云南省财政厅、云南省农业农村厅、云南省工业和信息化厅、云南省商务厅关于印发《支持特色农产品生产加工和冷链物流建设政策措施的通知》提出，支持开展打造世界一流“绿色食品牌”宣传推介，提升云品市场影响力。支持打造世界一流“绿色食品牌”宣传推广，采取市场竞争方式，引进知名企业（单位）推进云南“绿色食品牌”公共品牌培育，充分利用短视频、直播等现代新媒体传播方式，强化线上线下策划推广，开展“一县一业”“一村一品”“十大名品”和绿色食品“10 强企业”“20 佳创新企业”及“擦亮普洱茶金字招牌”等宣传推介，持续打造云南知名农产品品牌。

2021 年 2 月，云南省人民政府《关于印发云南省国民经济和社会发展第十四个五年规划和二〇三五年远景目标纲要的通知》提出：打造先进制造、旅游文化、高原特色现代农业、现代物流、健康服务 5 个万亿级产业。

2021 年 4 月，中共云南省委、云南省人民政府《关于全面推进乡村振兴加快农业农村现代化的实施意见》提出，持续深入打造世界一流“绿色食品牌”，坚持“大产业+新主体+新平台”发展思路，实施“一二三”产业行动，推动粮食、茶叶、花卉、水果、蔬菜、坚果、咖啡、中药材、生猪、肉牛等优势特色产业提质增效、转型升级，全产业链发展。强化农业农村优先发展投入保障。围绕发展高原特色现代农业产业和打造世界一流“绿色食品牌”，引导涉农金融机构进一步强化小微普惠领域金融服务。

2021 年 11 月，《关于印发云南省“十四五”打造世界一流“绿色食品牌”发展规划的通知》提出，锚定“中国最优、世界一流”的发展目标，坚持“大产业+新主体+新平台”发展思路，落实“抓有机、创名牌、育龙头、占市场、建平台、解难题”系列举措，全力实施“一二三”产业行动，推进“一县一业”，聚焦种业、电商“两端”，深化设施化、有机化、数字化发展，全链条重塑云南农业，跳过中低端，直接进入高端行列，走出一条具有云南特色的现代农业绿色发展之路，为乡村振兴提供有力的产业支撑。到 2025 年，将云南打造成为中国农业绿色发展先行区、世界绿色食品重要生产区、现代特色农业发展引领区。

2021 年 12 月 8 日，云南省农业农村厅印发《云南省“十四五”高原特色现代农业发展规划》，提出了“十四五”时期云南高原特色现代农业发展的总体要求、重点任务和政策措施。

2021 年 12 月 31 日，云南省农业农村厅关于印发《云南省“十四五”数字农业农村发展规划》的通知提出，到 2025 年，数字技术赋能高原特色现代农业高质量发展和乡村振兴的作用更加凸显的总体目标。

2022 年 4 月 18 日，云南省人民政府关于印发《云南省“十四五”农业农村现代化发展规划》的通知提出，“十四五”时期，全省农业农村工作要按照“保供固安全，振兴畅循环”的定位思路，把握好重点目标任务和支撑保障，着力推动农业高质高效、乡村宜居宜业、农民富裕富足的总体要求。

2022 年 6 月 16 日，云南省人民政府办公厅关于印发《云南省农业现代化三年行动方案（2022—2024 年）》的通知指出，为贯彻落实云南省第十一次党代会精神，进一步坚定信心决心，以更大的力度、更加精准的措施加快推动我省由特色农业大省向现代农业强省迈进，制定本方案。提出按照产业化、规模化、标准化、品牌化的思路，聚焦粮食、茶叶、花卉、蔬菜（含食用菌）、水果、坚果（核桃、澳洲坚果）、咖啡、中药材、牛羊、生猪、乡村旅游、烟草、蔗糖、天然橡胶等重点产业，从抓产品到抓产业、从抓生产到抓链条、从抓环节到抓体系转变，推动重点产业转型升级、提质增效。云南省委、省政府始终立足于资源优势和基础条件，打造有别于全国其他地区的农业发展模式，夯实农业经济在全省经济结构中的基础性地位，充分发挥高原特色农业助力脱贫攻坚和乡村振兴的关键作用。

二、云南发展高原特色现代农业的意义

大力发展高原特色农业是云南省委、省政府根据云南农业现状和发展需要做出的一项重要决定，是云南省新时期积极融入国家战略机遇、主动适应和引领新常态下经济发展、推进现代农业转型升级的必然选择。新的历史时期，中央不断完善农业支持保护体系，为农业发展提供了有利的政策环境；新一轮西部大开发的实施，为农业发展提供了良好的扶持条件；东部产业转移，为农业发展提供了更多的选择契机；桥头堡建设深入推进，为农业发展提供了广阔空间；特色优势产业体系初具规模，为农业发展奠定了坚实基础。加快高原特色农业发展，就是紧紧抓住千载难逢的历史机遇，充分利用云南地理优势独特，气候优势突出，物种优势明显，开放优势巨大等条件，打造在全国乃至世界有优势、有影响、有竞争力的绿色战略品牌，增强农业发展的动力和活力，这是云南省委、省政府从云南实际和发展需要出发，审时度势作出的重大战略决策，是统筹农业发展的总抓手，是深入实施西部大开发战略和桥头堡建设的重大任务，是推进工业化、城镇化的客观需要，是因地制宜充分发挥云南高原特色农业资源与生态环境的比较优势，突出气候、物种多样性特点的客观需要和选择，是云南加快推进农业现代化的内在要求、也是实现区域协调发展、生态保护与经济增长并重的重要道路，对于提高云南省农业发展的质量和效益，增强农产品市场竞争力、改善农村民生、促进社会主义新农村建设、推动全省科学发展、和谐发展、跨越发展具有十分重要的意义。

三、云南发展高原特色农业的必要性

特色农业作为减轻国际国内市场压力，减少环境污染的重要手段，将在我国农业经济可持续发展的进程中扮演重要角色，云南高原特色农业既复杂多元、差异明显，又内涵丰富，农业发展优势与劣势并存，机遇与挑战同在。云南农牧渔、种养加各产业门类全，花果菜茶等农产品在全国居重要位置，产品产量和产业产值都有一定规模，但市场竞争力与农业大省地位不相

称。当前，作为农业大省的云南，依托多样性的资源条件，生产出的农产品品种丰富，但多而不优。生产出的农产品品种齐全、花色繁多，四季供应不断，但分等分级少，缺乏个性化产品。2015 年 1 月，习近平总书记考察云南工作时，要求云南“着力推进现代农业建设”。2020 年 1 月，习近平总书记再次考察云南工作，明确要求“毫不放松抓好农业生产，加快农业供给侧结构性改革，做强高原特色现代农业”。云南立足立体气候、雨量充沛、植物生长周期长的地域特征，把高原特色现代农业作为脱贫攻坚和乡村振兴的重点支柱产业进行培植，配套出台了培育壮大高原特色现代农业的政策体系，符合脱贫攻坚向乡村振兴转型的新时代产业布局战略。中共云南省委、省政府把高原特色现代农业作为云南省“八大重点产业”来布局，符合中央对云南发展的战略定位，符合云南立体气候明显、动植物资源丰富、毗邻南亚东南亚国家进出口便利的比较优势，符合农业大省的现实考量。2020 年，《中共云南省委　云南省人民政府关于加快构建现代化产业体系的决定》提出，到 2030 年，全省农、林、牧、渔业产值与加工产值达到 3 万亿元，高原特色现代农业占云南省地区生产总值比重达 10%，到 2035 年，云南成为全国绿色农产品生产基地和面向南亚东南亚特色农业创新发展辐射中心的战略布局，为云南高原特色现代农业的发展描绘了宏伟蓝图。因此，加快高原特色现代农业发展，是破解农民“增产减收”难题的有效途径，是促进农民致富奔小康的重要抓手，是减少入世后国外农产品竞争压力的现实需要，是适应我国主要矛盾转变的必然要求，有助于发挥地区比较优势，有利于农业产业结构优化，有助于加快推进云南农业农村现代化，对巩固云南脱贫攻坚成效、推进乡村振兴具有基础性、战略性和关键性的作用，对推动农村经济发展，促进全面建成小康社会第一个百年奋斗目标的实现具有重要的作用。

四、云南发展高原特色现代农业的方向

云南高原特色农业发展战略是根据云南资源禀赋和特色优势提出的关系云南全局和长远发展的重大战略任务。云南发展高原特色现代农业，要按照“保供固安全，振兴畅循环”的定位思路，把握好重点目标任务和支撑保障，着力推动农业从增产导向转向提质导向，实现高质量发展；在确保粮食等主要农产品有效供给基础上，以做特“绿色食品牌”为抓手，深入推进农业供给侧结构性改革，加快农业产业转型升级，不断提升农业现代化水平，促进农民收入持续稳定增长，实现一定水平的农业高质高效，农民富裕

富足。云南省“十四五”高原特色现代农业发展规划提出：以习近平新时代中国特色社会主义思想为指导，全面贯彻党的十九大和十九届二中、三中、四中、五中、六中全会精神，把习近平总书记关于“三农”工作重要论述和考察云南重要讲话精神作为根本遵循，坚持新发展理念，深化农业供给侧结构性改革，加快构建现代农业产业体系、生产体系、经营体系，持续推进质量兴农、绿色兴农、品牌强农。以确保粮食安全和重要农产品有效供给为前提，以做特“绿色食品牌”为引领，全面提升农业规模化、科技化、市场化、国际化、信息化、标准化水平，增加优质绿色农产品供给，提高全产业链收益，走出一条产出高效、产品安全、资源节约、环境友好的云南高原特色农业现代化之路，促进农业现代化与工业化、信息化、城镇化同步发展，为全面推进云南现代化建设提供基础支撑。

五、“十三五”云南高原特色农业成效

“十三五”时期，云南省深入贯彻落实习近平总书记关于“三农”工作的重要论述和考察云南重要讲话精神，围绕高质量发展主题，积极推进农业供给侧结构性改革，云南高原特色农业发展取得明显成效，顺利完成了“十三五”确定的目标任务①。一是农业经济总量取得历史性突破。2020年，全省第一产业增加值达 3 599 亿元，在全国的位次由 2015 年的第 14 位提升至第 9 位，占全国第一产业增加值的比重由 2015 年的 3. 56%上升到 4. 63%。二是农业产业结构不断优化。“绿色食品牌”重点产业产值占全省农林牧渔业总产值比重由 2015 年的 52. 35%提高到 59. 86%，畜牧业产值占农业总产值比重由 30. 5%提高到 39. 1%，粮经饲统筹发展更加协调。三是粮食等重要农产品供给保障有力。2020 年全省粮食总产量达 1 896 万吨，创历史新高，居全国第 14 位；全省猪、牛、羊、禽肉总产量达 416 万吨，在全国位次由 2015 年的第 11 位上升至第 6 位；蔗糖、茶叶产量稳居全国第 2 位。四是科技装备水平不断提高。全省农业科技进步贡献率 60%，达全国平均水平；主要农作物耕种收综合机械化率达 50%，比 2015 年提升 5 个百分点。五是新型经营主体不断壮大。云南省家庭农场达 2. 86 万家，农民合作社 5. 8 万家、农业龙头企业 4 440 家，分别比 2015 年增长 35%、57%。六是发展质量效益不断提升。主要农作物化肥、农药利用率均达 40%，达到

---

① “十三五”期间云南高原特色农业成效数据来源于《云南省“十四五”高原特色现代农业发展规划》。

全国平均水平；畜禽粪污资源化利用率达 80.7%，高于全国平均水平；全省主要农产品监测合格率连续稳定在 97%以上，农产品成为全省第一大出口商品。七是农民生活水平显著提高。“十三五”期间，全省农村居民人均可支配收入年均增速达 9.3%，高于全国年均增幅 0.8 个百分点，2020 年达 12 842 元；城乡居民收入比由 2015 年的 3.2 : 1 下降到 2.92 : 1；农村居民人均消费支出年均增速达 10%，高于城镇居民消费增速 3.2 个百分点，2020 年为 11 069 元，农村消费旺盛。

第二章

现代农业高质量发展

第一节　高质量发展理论

一、高质量发展定义与内涵

1. 高质量发展定义

高质量发展是发展经济学核心概念，是将经济数据精确、营商环境优化、产品质量保证、资源精准对接与优化配置等要素完整融合的增长方式，是智慧经济为主导、高附加值为核心、质量主导数量、国内生产总值（GDP）无水分、使经济总量成为有效经济总量、推动产业不断升级，推动经济建设、政治建设、文化建设、社会建设、生态文明建设“五位一体”全面可持续发展的增长方式。精准经济学是经济高质量发展的理论指导。

高质量发展在2017年第十九次全国代表大会上第一次被提出，表明中国经济由高速增长阶段向高质量发展阶段转变，也是2020年、2021年全国经济会议的主题。长久以来，高质量发展更多地被应用于经济建设领域，一直被作为经济发展的指针，十九届五中全会将推动高质量发展作为“十四五”期间经济社会发展的主题，高质量发展不再局限于经济领域，而是延伸到社会、文化、生态等各领域。

2. 高质量发展的内涵

高质量发展意味着高质量的供给、高质量的需求、高质量的配置、高质量的投入产出、高质量的收入分配和高质量的经济循环，其本质内涵是以满足人民日益增长的美好生活需要为目标的高效率、公平和可持续的发展，是以质量为价值取向和核心目标的发展。具体体现在六个方面：高效率增长、有效供给性增长、中高端结构增长、绿色增长、可持续增长、和谐增长。

从宏观层面理解，高质量发展是指经济增长稳定，区域城乡发展均衡，以创新为动力，实现绿色发展，让经济发展成果更多更公平惠及全体人民。一是表现为增长的稳定性。在推动经济高质量发展的同时，保持速度和规模的优势依然重要。高质量发展意味着必须保持经济增速稳定，不能出现大起大落的波动。二是表现为发展的均衡性。在高质量发展进程中，经济发展的速度依旧重要，但是强调在更加宽广领域上的协调发展。就经济体系而言，国民经济重大比例关系要合理，需实现实体经济、科技创新、现代金融、人力资源协同发展，构建现代化产业体系；就创新而言，创新要成为推动高质量发展的主要动力，不断推动经济发展从规模速度型向质量效率型增长、从粗放增长向集约增长转变，推动经济发展向结构更合理、附加值更高的阶段演化；就城乡区域发展而言，高质量发展需是城乡之间、区域之间的均衡发展。三是表现为环境的可持续性。绿色发展理念为高质量发展提供了更加丰富、广泛的内涵。高质量发展要求我们能够创造更多物质财富和精神财富，满足人民日益增长的美好生活需要。尤其是要提供更多优质生态产品，满足人民日益增长的优美生态环境需要。四是表现为社会的公平性。高质量发展要兼顾生产、生活与生态，要坚持以人民为中心的发展思想，坚持发展为了人民、发展依靠人民、发展成果由人民共享。因此，在宏观经济层面，质量的内涵还涉及经济、社会、生态等诸多方面，应把增进民生福祉作为发展的根本目的，并且形成有效社会治理、良好社会秩序，促进社会公平正义。

我国正处于转变发展方式的关键阶段，劳动力成本上升，资源环境约束增大，粗放型发展方式难以为继，经济循环不畅问题突出。需要更好地贯彻落实新发展理念，坚持质量第一、效益优先，切实转变发展方式，推动质量变革、效率变革、动力变革。目前，我国尚存在发展不平衡不充分问题，解决这一问题，就是要在质的大幅提升中实现量的有效增长。20 世纪 60 年代以来，在全球 100 多个中等收入经济体中，只有十几个成为高收入经济体。这些国家和地区，就是在经历了高速增长阶段后实现了经济发展从量的扩张转向质的提高。经济发展中量的积累到了一定阶段必须及时转向质的提升，我国经济发展也需要顺应并遵循这一规律。

高质量发展的目的在于促进思想改革、推动经济增长、调整生产结构以及提升人们生活质量，实现我国高质量发展的根本途径关键在于稳步推进供给侧结构性改革。最终目标是推动我国经济发展方式的转变，建立现代化经济体系，为实现“两个一百年”奋斗目标、实现中华民族伟大复兴的中国梦构筑雄厚的经济基础。总体来看，推动高质量发展，应在继续保持经济发展总体规模优势的同时，不断推动经济发展质量变革、效率变革、动力变革，坚持走绿色均衡发展的新型工业化道路，不断促进社会公平正义，让高质量发展成果更公平地惠及全体人民。

中国特色社会主义进入了新时代，我国经济发展也进入了新时代。推动高质量发展，既是保持经济持续健康发展的必然要求，也是适应我国社会主要矛盾变化和全面建成小康社会、全面建设社会主义现代化国家的必然要求，更是遵循经济规律发展的必然要求。

高质量发展是适应经济发展新常态的主动选择。我国经济发展进入了新常态。在这一大背景下，我们要立足大局、抓住根本，看清长期趋势、遵循经济规律，主动适应把握引领经济发展新常态。要牢固树立正确的政绩观，不简单以 GDP 论英雄，不被短期经济指标的波动所左右，坚定不移实施创新驱动发展战略，主动担当、积极作为，推动我国经济在实现高质量发展上不断取得新进展。

高质量发展是贯彻新发展理念的根本体现。以习近平同志为核心的党中央直面我国经济发展的深层次矛盾和问题，提出创新、协调、绿色、开放、共享的新发展理念。只有贯彻新发展理念才能增强发展动力，推动高质量发展。应该说，高质量发展，就是能够很好满足人民日益增长的美好生活需要的发展，是体现新发展理念的发展，是创新成为第一动力、协调成为内生特点、绿色成为普遍形态、开放成为必由之路、共享成为根本目的的发展。

高质量发展是适应我国社会主要矛盾变化的必然要求。中国特色社会主义进入新时代，我国社会主要矛盾已经转化为人民日益增长的美好生活需要和不平衡不充分的发展之间的矛盾。不平衡不充分的发展就是发展质量不高的直接表现。更好满足人民日益增长的美好生活需要，必须推动高质量发展。我们要重视量的发展，但更要解决质的问题，在质的大幅度提升中实现量的有效增长，给人民群众带来更多的获得感、幸福感、安全感。

高质量发展是建设现代化经济体系的必由之路。建设现代化经济体系是跨越关口的迫切要求和我国发展的战略目标。实现这一战略目标，必须坚持质量第一、效益优先，推动经济发展质量变革、效率变革、动力变革，提高全要素生产率，不断增强我国经济创新力和竞争力。推动高质量发展是当前和今后一个时期确定发展思路、制定经济政策、实施宏观调控的根本要求。遵循这一根本要求，我们必须适应新时代、聚焦新目标、落实新部署，推动经济高质量发展，为全面建成小康社会、全面建成社会主义现代化强国奠定坚实物质基础。

推动高质量发展，既是保持经济持续健康发展的必然要求，也是适应我国社会主要矛盾变化和全面建成小康社会、全面建设社会主义现代化国家的必然要求，更是遵循经济规律发展的必然要求。

二、高质量发展核心的特质

经济高质量发展具有创新性、再生性、生态性、精细性、高效益等特征，其核心特质：一是提高全要素生产率是高质量发展的核心途径。这一关键变化符合经济发展的理论逻辑，表明中国经济从高速增长向高质量发展转变的核心途径，是从依赖于要素投入扩张、不可持续的旧驱动力，转变为以全要素生产率为主的新的可持续驱动力。二是改善民生是高质量发展的核心目的。推动高质量发展，归根结底是为了解决经济发展过程中不平衡、不充分的问题，满足人民日益增长的美好生活需要，实现人民对经济发展成果的共享。淡化经济增长目标，加强经济发展的平衡性、充分性和公平性，满足人民对更好生活和更好发展成果的更高需求。

习近平总书记指出高质量发展就是体现新发展理念的发展，是经济发展从高速增长向高质量发展转变。从宏观上看，“高质量发展”必须是可持续的发展，不能以牺牲未来中长期的发展为代价而追求短期增长，特别要避免金融风险和环境污染。为了刺激短期增长而一味加大金融刺激的力度，使金融风险不断累积，这种增长是蕴含相当风险和不可持续的；此外，还要警惕粗放式的、低效率的生产要素使用所带来的环境污染问题，这也是违背高质量发展要求的。从微观上看，“高质量发展”必须是以民生为导向的发展，其根本目的是提升百姓生活质量，让全体人民都获得幸福感、安全感，从发展中获益。

要实现高质量发展必须要把握绿色、协调、开放三点核心要义。高质量发展必然是绿色的发展，要树立正确的政绩观，摒弃过去“唯 GDP 论”的衡量标准，坚决遏制低端的高能耗、高污染、高物耗产业；高质量发展必然是协调的发展，全面推进西部开发、中部崛起、东北振兴、乡村振兴和脱贫攻坚，增强发展的平衡性、包容性、可持续性，促进各区域各领域各方面协同配合、均衡一体发展；高质量发展必然是开放的发展，过去 40 年中国经济发展是在开放条件下取得的，未来实现高质量发展也必须在更加开放的条件下进行。

第二节　农业高质量发展

一、农业高质量发展提出

转向高质量发展阶段是我国经济发展进入新时代的客观要求。在2017年年底召开的中央经济工作会议上，习近平同志指出，中国特色社会主义进入了新时代，我国经济发展也进入了新时代，基本特征就是我国经济已由高速增长阶段转向高质量发展阶段，这一论断为新时期经济确定了工作主题。十九届五中全会明确指出，要提高农业质量效益和竞争力，这为农业高质量发展提出了明确的工作目标，即农业的高质量发展要提升农业质量效益和竞争力。作为国民经济的基础，农业被赋予了高质量发展的要求。为此，国家采取了一系列有力措施来推进农业高质量发展。2018年和2019年中央一号文件都指出了“落实高质量发展要求”，2020年中央一号文件指出“推进农业高质量发展”，2021年中央一号文件对新发展阶段优先发展农业农村、全面推进乡村振兴作出总体部署，指出“以推动高质量发展为主题”。

习近平总书记在2017年的中央农业农村经济工作会议上明确“坚持以农业供给侧结构性改革为主线，走质量兴农之路，实施质量兴农战略，不断提高农业创新力、竞争力和全要素生产率，加快实现由农业大国向农业强国的转变”，根据指示精神，确定了当前农业农村经济工作的总体思路，就是按照高质量发展的要求，以实施乡村振兴战略为总抓手，以推进农业供给侧结构性改革为主线，坚持质量兴农、绿色兴农、效益优先，加快转变农业生产方式，加快农业转型升级，加快推进农业农村现代化。

二、农业高质量发展特征

目前，我国农业已经到了转变发展方式、优化发展方向、提升发展动力，追求高质量发展的崭新阶段。农业高质量发展的基本特征包括生产规模化、绿色发展引领、供给提质增效、产业多元融合、专业化服务等方面。

1. 规模化生产

农业高质量发展对规模化发展具有强烈需求，可以利用数字技术嵌入传统生产要素，提高传统生产要素的运转活力与配置效率，尤其是要搭建数字化的土地要素流转平台，提高土地流转活力和土地资源配置效率，满足农业高质量发展对规模化发展的需求。农业高质量发展的第一动力是创新发展，要以要素驱动转化为创新驱动来实现农业高质量发展，而农业规模化程度等因素是农业创新效率的重要衡量指标。因此，生产规模化是农业高质量发展的重要内容。

2. 绿色化发展

绿色农业作为质量兴农战略的具体实践，是实施供给侧结构性改革、乡村振兴战略，引领生态振兴、产业兴旺，实现农村经济可持续发展的重要举措，与创新、协调、绿色、开放、共享的新发展理念一脉相承。随着农业发展进入新的历史阶段，农业发展面临资源环境承载能力接近极限但绿色生产很难广泛推行等矛盾，如果不调整农业发展目标，受原有技术体系和工作机制的惯性影响，依靠传统要素投入来增产的观念依旧难以改变。目前，我国农业正处于由传统农业向现代农业转变的过渡之中，大量农业投入品的使用，导致农业资源环境承载力下降。党中央国务院对绿色发展做出了一系列战略部署，农业绿色发展取得了显著的成就，但是农业主要依靠粗放经营的发展方式没有得到根本性转变，农业生产面源污染、生态退化的趋势还未得到有效遏制，优质安全农产品供给还不能满足居民需求，农业绿色发展仍面临环境污染严重、水资源消耗大等障碍。因此，农业高质量发展需处理好高产与绿色之间的关系，由高产转向高质，维护自然生态平衡，提高资源利用率，实现资源的综合、循环、可持续利用，把绿色发展落实到农业生产的全过程，实施生产资料绿色化、生产工具绿色化、生产方式绿色化以及生产技术绿色化。把粮食生产与多种经济作物生产相结合，把大农业与二三产业发展相结合，利用传统农业的精华和现代科学技术，通过生态工程，协调好经济发展与环境之间、资源利用与保护之间的关系，形成生态和经济的良性循环，实现农业的可持续发展。

3. 品质化提升

供给与需求的不匹配导致了中国农业发展质量不高。供给侧方面，低端产品供给过剩，而中高端产品有效供给不足；需求侧方面，消费升级需求没有得到有效满足，供给和需求的错配造成了效率低下、资源浪费、质量不高等制约经济发展的短板。农业高质量发展必然要求增加高品质农产品供给，要求农业由增产导向向提质导向转变，促进资源要素的优化配置和高效流动，提高农业全要素生产率，尤其是在保证粮食供给稳定的基础上进一步提升农产品质量，引导家庭农场、专业大户提升农产品质量水平，加强农产品品牌建设，不断加大优质农产品的供给力度，促进农产品市场供给与需求的匹配度。

4. 多元化融合

农业产业多元融合，通过模糊一二三产业边界，促进交易成本降低和以往外溢的农业利润内部化，培育了新业态、新模式和新的利益增长点，是促进要素向农业高效渗透、提升农业效益、促进农民分享融合成果的创新。实现农业高质量发展要求推广新模式、新业态，加快农村一二三产业融合，促进新要素与传统农业的有机融合、环境与效益的有机统一。农村一二三产业融合促进农业农村资源要素的优化配置，推动优势要素向农业生产聚集，延伸农业产业链，扩大产业范围，拓展产业功能，扩展农业产业和农产品附加值的增加途径，促进农业产业结构升级。

5. 专业化服务

我国未来农业的生产组织与服务，将紧跟世界发展趋势，成立相应的农协会等专业服务组织，在产前、产中、产后等环节及金融保险等领域开展全方位的服务，实现小农户和现代农业有机衔接。及时疏通产业渠道，扩大对农业全产业链及农林牧渔各产业的覆盖率，加强其支撑作用，使各种农作物产量达到最高，生产成本降到最低，加工增值达到最大，销售价格和经济效益达到最高，使农民得到更大的实惠。

三、农业高质量发展意义

农业是我国经济发展蓝图中极其重要的一部分。农业高水平开放是新时代我国农业高质量发展、经济高质量发展的迫切需要。虽然我国粮食等农产品的产量仍旧会大幅提升，但是有些品种的产量依然无法满足需求，食物消费结构需不断升级；加之我国对于农副产品多元化的消费需求越来越高，优质高端农产品出现短缺的现象，供需矛盾加大。同时，面对疫情暴发并持续冲击、中美贸易争端加剧和世界经济持续低迷的严峻形势，我国农业发展将面临更加严峻的挑战。在这种背景下，要不断深化农业供给侧结构性改革，走高质量农业的道路。因此，为了解决生产与需求的矛盾、缓解贸易摩擦、减轻低位经济带来的损失、实现更广泛互利共赢，高水平农业对外开放势在必行。

我国经过 40 多年的改革开放，社会生产力得到极大发展。党的十九大报告中提出，我国社会主要矛盾已经转化为人民日益增长的美好生活需要和不平衡不充分的发展之间的矛盾。新时代我国社会主要矛盾从“物质文化需要”到“美好生活需要”的变化，意味着我国的任务重点转移到以经济建设为中心的社会主义现代化建设。

农业的高质量发展是现代农业的本质，是物质条件、科学技术、产业体系、现代经营形式、发展理念、现代职业农民多重要素共同作用的聚集体，同时体现高水平土地产出率、资源利用率、劳动生产率和市场竞争力的农业发展过程。

农业高质量发展是新发展阶段的基础支撑。只有不断提高农业发展质量和效益，才能为实现农业现代化和整个现代化筑牢根基。农业高质量发展是新发展阶段的突出任务。农业是“四化同步”的短板，发展基础还比较薄弱，发展水平相对滞后。推进农业高质量发展就必须加快补齐短板，补强弱项。农业高质量发展是新发展阶段的强烈需求。随着城乡居民收入水平提高，消费者对农产品的关注度日益增强。

农业高质量发展既是实现农业农村现代化、全面建成社会主义现代化强国的必由之路，也是破解“三农”发展系列难题、实现乡村全面振兴的必然要求。尤其是当前正处于“两个一百年”奋斗目标交汇过渡、脱贫攻坚与乡村振兴有效衔接的关键历史节点，科学谋划、顺利推进“十四五”时期农业农村高质量发展，具有特殊的重要意义。

加快推进农业高质量发展是农业发展进入新阶段的现实要求，它有利于提高我国农业竞争力，提高中国农业社会效益，增加农民收入，提高农产品质量安全，促进农业可持续不断发展，构建人与自然的和谐关系。高质量发展是经济进入新常态条件下缓解农业资源环境压力、解决农业瓶颈制约的有效途径。高质量发展是农业现代化的必由之路，是实现乡村振兴的重要抓手，是推进农业大国向农业强国转变的重大战略。

四、农业高质量发展方向

我国现有的农业综合生产能力、抗风险能力可以为农业高质量发展提供基础条件，但依靠高投入、高资源消耗、高成本的发展方式迫切需要转变；注重数量的增加和专注经济指标增长的发展要求也亟待改变。在立足新发展阶段、贯彻新发展理念、构建新发展格局的背景之下，农业发展亟需在农业高质量发展的框架下寻求提高农业质量效益和竞争力。农业高质量发展包含了农业要素生产效率的不断提升和农业经营组织效率的不断提高，能为居民提供美好的生活环境和绿色、健康、标准的农副产品，强调了综合效益的协调统一。高质量发展的实现是以提升农业质量效益和竞争力为目标，以数量规模的增长向高质量提升和转变为途径。

中国农业现代化的根本动力在于科技创新。用现代工业技术及信息技术装备武装种植、养殖与加工生产过程，功能农业在农业发展中占有重要的比例，实现产地与销区的协同发展。因此，中国农业高质量发展方向是发展现代农业。

第一，构建现代农业产业体系。以促进一二三产业融合、培育新业态为切入点，加快推进农业发展质量变革，夯实农业质量效益和竞争力提高的质量变革基础。发挥一二三产业融合发展的融合效应，通过产业链条延伸、产业融合、技术渗透、体制创新等方式，将资本、技术以及资源要素进行跨界集约化配置，巩固农业高质量发展的产业基础。同时，积极调优、调高、调顺农业产业结构，发展新产业、新业态，促进“农文旅教”融通、“产加销服”贯通、“科工贸金”联通，为农业高质量发展挖掘新的增长点。

第二，构建现代农业生产体系。通过种业科技创新和先进技术推广运用，加快推进农业发展动力变革，筑牢农业质量效益和竞争力提高的动力变革根基。推动种业企业和科研单位建立有效的利益联结机制，推进科技资源整合和产学研深度融合，提高种子创新利用效率。促进农产品精深加工技术发展和综合利用水平，强化加工标准引领和技术指南作用，进而形成整个农业产业在技术集成、生产标准、产业集聚、环节增值等方面的外溢效益。促进农业科技成果转化应用与农业产业发展深度融合，提高产业信息化、智能化、专业化、集约化、绿色化发展水平。

第三，构建现代农业经营体系。积极培育高素质农业人才和促进经营主体之间的合作与联合，加快推进农业发展的效率变革，打造农业质量效益和竞争力提高的效率变革引擎。促进体制机制的创新，加快培育适度规模的农业经营主体、社会化服务主体以及高素质农业人才队伍，为农业经营科学性、决策创新提供保障。完善利益共享机制，促进多元经营主体间的合作与联合，以龙头企业对接市场，发挥品牌农业的影响力，以利益链联结家庭农场、合作社及农户等农业生产主体建立农业产业化联合体，形成紧密型农业经营组织联盟，实行一体化发展。构建优势互补、共同发展的利益共同体，提升产业组织化水平和经营效益。

第三章

曲靖高原特色现代农业现状①

第一节　高原特色农业发展条件

一、自然地理条件

曲靖市位于云贵高原中部，云南省东部，地处滇、黔、桂三省接合部，是长江和珠江两大水系的上游分水岭地带，又是珠江的发源地，自古有“入滇锁钥”和“滇东重镇”之称。地理坐标为东经103°03′44″~104°32′36″，北纬24°21′00″~27°03′24″。东接贵州省盘州市、兴义市和广西壮族自治区西林县，西与昆明市嵩明县、寻甸回族彝族自治县、东川区接界，南连文山壮族苗族自治州丘北县、红河哈尼族彝族自治州泸西县及昆明市石林彝族自治县、宜良县，北与昭通市巧家县、鲁甸县及贵州省威宁县毗邻。全市总面积2.89万千米^2，占云南省面积的13.63%，位列全省第6。市境东西最大横距103千米，南北最大纵距302千米。曲靖地处滇东高原向黔西高原过渡地带，属乌蒙山系南延部分，地势北高南低，西高东低。市境地貌以高原山地为主，间有高原盆地，高山、中山、低山、河槽和湖盆多种地貌并存，平均海拔2 000米。最高点在会泽县大海梁子牯牛寨，海拔4 017.3米，系乌蒙山脉主峰；最低点在会泽县娜姑镇王家山象鼻岭小江与金沙江汇合处，海拔695米，相对高差3 322.3米；年平均日照时数1 920小时，空气质量优良率稳定在96%以上，年平均气温15.1℃，年降水量1 038毫米，森林覆盖率50.5%。境内万亩以上的坝子34个。其中素有

① 本章数据来源于曲靖市人民政府门户网、《曲靖年鉴2021》等。

"滇东粮仓"之称的陆良坝子面积771.99千米^2，为全省第一大坝子；曲沾坝子面积435.82千米^2，为全省第四大坝子。境内山岭河谷相间交错，地质构造复杂，地层发育较为齐全，碳酸盐岩石分布广、面积大，多溶洞和岩溶地貌，山脉有乌蒙山系和梁王山系，多呈北东—南北向或近南北向，大致可分为西列、中列和东列3个平行岭脊。山高谷深，河流密布、水系发达，有流域面积100千米^{2}以上的河流80余条，以南盘江、北盘江、小江、黄泥河、以礼河、块择河等为主要干流，分属长江和珠江两大水系，水能资源丰富。

曲靖气候类型复杂多样，具有南亚热带到北温带6种气候类型，以亚热带高原季风气候为主。一般冬春光照条件较好，春温不稳，风高物燥，降水不均，冬暖冬干，寒潮降温；夏无酷暑，降水集中，涝旱兼有，风和日丽；秋季降温快，阴雨多，具有"一山分四季，十里不同天"的立体气候。受地形的影响，会泽、宣威、富源属暖温带气候，其他县（区）属亚热带气候。全市年平均无霜期283天，最长的365天。植物资源以亚热带植被为主，典型植被有常绿阔叶林，针叶林。常见的植被有松科、杉科、柏科，山茶科、壳斗科、大戟科等；有40种珍稀濒危保护植物。动物资源有脊椎动物298种，其中鸟类、小型类、鱼类较多；有30多种国家级、省级珍稀保护动物；已发现48种矿产资源，探明30种矿产256处矿产地；有较大开发利用价值的矿藏30多种。煤炭、磷矿、重品石、铅锌矿、硫铁矿、铜、锑、锡、银、金、大理石、萤石、锰矿、本泥用石灰岩、天然气等均有分布。已开发利用煤、磷、铅、锌、锑、铁、锰、硅石、重晶石、石灰石、耐火材料、地热水、矿泉水等36种。旅游资源丰富，基本具备全国6大类型旅游资源，其中74种基本类型中就有50种，占67%。蕴藏着4.2亿年前的泥盆纪时期的古鱼化石、罗平三叠纪时代古生物化石群，堪称古生代"鱼的故乡"。

土壤结构多样。岩层境内土壤类型赤红壤到亚高山草甸土呈土壤垂直带分布，以红壤为主，此外还有紫色土、棕壤、黄棕壤、黄壤、水稻土等，pH值多在4.0~7.5，土壤肥力较好，有机质含量在1.5%~5.0%。

曲靖市政府驻麒麟区寥廓街道文昌街，西距省会昆明市125千米。既是以昆明为中心的滇中经济区的重要组成部分，又是大西南攀西——六盘水"金三角"开发区的一个重要组成部分。

曲靖独特的高原立体气候特点，为发展特色农业提供了得天独厚的自然条件。良好的生态环境，为打造绿色、有机生态农业创造了条件。

二、基础设施状况

“十三五”以来，曲靖共建成高速公路8条、长度近600千米，累计完成交通固定资产投资1 004.92亿元，同比增190.6%；2020年全市客运周转量50.531 2亿人千米，比2015年26.901 3亿人千米增长87.84%；货运周转量280.177 9亿吨千米，比2015年同期135.877 3亿吨千米增长106.2%。建成曲陆改扩容、普宣、西石、昭会、待功、沾会、东过境、宣曲、大昌、江召10条高速公路，2017年底曲靖在全省率先实现“县县通高速”；2020年曲靖建成通车寻沾、召泸2条，分段通车三清、麒师、罗八、杨宜4条，全市高速公路通车里程达1 100千米以上，是“十二五”末的2.2倍。

加快推进重点库区航道治理、码头建设及船舶标准化建设改造，累计投入资金2 500余万元，提升改造码头2个。渡口（停靠点）23个、船只48艘，增强了水运的安全性和环保性。截至2020年底，全市共有码头13个、渡口15个、停靠点30个、航道16条，通航里程323.3千米。

全力推进铁路民航基础设施建设，2016年底沪昆高铁顺利建成通车，曲靖进入“高铁时代”。

“十三五”期间，全市累计新建和改造农村公路27 726.44千米，完成投资221.5亿元，是“十二五”期间63.49亿元的3.49倍；投入农村公路管养资金11.45亿元，是“十二五”期间7.68亿元的1.49倍；县乡村道优良路率由“十二五”期间65%、35%、25%增长至89%、81%、74%。陆良县入选“四好农村路”全国示范县。截至2020年年底，全市公路总里程达32 296千米（列入国家统计26 147.7千米）。其中，高速公路里程1 100千米；列统农村公路里程23 983千米，比“十二五”末增加3 504千米，增长17.1%。全市建制村100%通硬化道路、100%通客车。全市拥有营运客车4 430辆64 806个客位，客运线路848条，建成农村客运站822个；有公共汽电车经营业户8户，车辆832辆，运营线路82条，运营线路总长1 172.5千米；有出租汽车经营业户48户，其中巡游出租汽车36户，3 331辆，网络预约出租汽车12户、365辆；有营运货车25 465辆，建成“村邮站”1 173个。2020年，全市邮政业务总量6.48亿元，是2015年底2.15亿元的3.01倍，年均增幅27.27%；快递业务量1 923.39万件，是2015年底313.01万件的6.14倍，年均增幅38.39%。

扎实开展绿化亮化工程建设、服务区改造提升和公路铁路沿线环境清理整治工作，完成6个国省干线服务区，65座旅游厕所建设和54个高速公路服务区提升改造、4 551块广告牌的清理拆除工作，群众出行环境明显改善。

2020年，全市交通运输、仓储和邮政业实现增加值96.43亿元，比上年增长4.3%。货物运输周转量280.18亿吨千米，比上年增长17.4%；旅客周转量50.53亿人千米，比上年增长0.5%。公路通车里程27 880千米，其中高速公路1 090.6千米。公路运输总周转量285.23亿吨千米，比上年增长17.0%。

2020年，曲靖市完成水利投资46.2亿元，实现23%的较大增幅。完成新增水土流失治理面积524.5千米^2，围绕农村饮水安全脱贫攻坚成果巩固，建成供水工程288件。完成投资7 520万元，解决47.53万农村人口巩固提升任务（贫困人口4.56万人），确保2020年脱贫的171个贫困村、9.92万贫困人口饮水安全有保障。大型灌区内建成中型水库12件、小（一）型水岸31件，小（二）型水岸及塘坝624件；干渠528千米，支渠530千米；灌溉闸49座，灌溉和排涝泵站988座。形成以花山水库为龙头，南盘江为纽带、联系坝子四周各水库的多库多闸及泵站组成的联合灌溉系统，年水资源可供水量6.59亿米^3，改善灌溉面积2.512万亩（1亩≈667米^2，15亩=1公顷，全书同），新增灌溉面积1.125万亩。截至2020年年底，灌区直管5座中型水库（花山水库、白浪水库、西河水库、潇湘水库，水城水库）正常库容为20 326万米^3，计划蓄水14 250.2万米^3，总蓄水量为8 230.21万米^3，占正常库容的40.5%。

土地资源总量4 340.24万亩，80.3%的土地面积是山地和丘陵。耕地总量1 236.71万亩，人均耕地面积1.9亩。曲靖独特的区位条件、日益完善的交通条件，为曲靖现代农业发展提供了良好基础条件。

三、社会经济概况

2020年年末，曲靖市辖麒麟、沾益和马龙3个区和富源、罗平、师宗、陆良、会泽5个县，代管宣威市和曲靖经济技术开发区。全市有137个乡（镇、街道），其中51个镇、40个乡（8个民族乡）、46个街道。户籍人口669.86万人，全市总人口性别比110.49（女性为100），总户数207.52万户，户籍城镇人口268.69万人，占总人口的40.11%，人口密度232人/千米^2，全市常住人口576.58万人，城镇人口282.72万人，城镇化率49.03%。乡村人口293.9万人，少数民族人口56.68万人，占总人口的8.46%，其中彝族、回族、布依族、壮族、苗族、水族、白族7个少数民族人口占少数民族总人口数的95.27%。2020年，曲靖市实现地区生产总值2 959.35亿元，按可比价计算同比增长6.6%，在全省排第2位。三次产业结构为18.7∶37.0∶44.3；实现农、林、牧、渔业总产值911.13亿元，同比增5.9%，高于全省0.2个百分点；实现一产增加值553.53亿元，增速5.9%，与全省持平；累计完成农业行业固定资产投资125.82亿元，增21.489%；财政总收入435.52亿元，增长5.7%。一般公共预算收入155.05亿元，增长4.0%；一般公共预算支出532.24亿元，下降1.7%。城镇常住居民人均可支配收入38 657元，增长3.6%；农村常住居民人均可支配收入14 793元，增长8.0%，高于全省1 951元，在全省排第4位。人均GDP 47 730元，增6.0%。2020年，全市完成进出口总额138 873万美元，同比增15.6%，排名全省第7位，增幅排名全省第6位。其中：出口额为135 891万美元，同比增14.7%；进口额2 982万美元，增81.1%。2020年，全市新增对外直接投资550万美元，对外承包工程完成营业额14 362万元，对外劳务合作输出314人次。曲靖农业资源优势明显，农业基础较好，第一产业比重大，决定了三农工作在曲靖具有特殊并重要的地位。

第二节　高原特色农业发展基础[①]

“十三五”时期以来，曲靖市委、市政府围绕现代农业发展战略，在稳定粮油产能的前提下，聚焦高效特色经济作物和畜禽，制定配套政策措施，引导农业生产由传统种养方式向现代农业生产方式转变，以“一县一业”优势产业为抓手，推动全市种植业结构调整和畜牧业转型升级。

一、种植业基础

曲靖素有“滇东粮仓”之称，所辖县（市）区农业发展各具特色。粮食作物以水稻、玉米、马铃薯、小麦、荞、豆类等为主，经济作物以烤烟、油菜、中药材、蔬菜、蚕桑等为主。罗平、师宗是全省油菜优质产品生产基地县，陆良、麒麟、沾益是全省蚕茧生产基地县（区）。陆良、麒麟、马龙是曲靖市无公害蔬菜基地和供港蔬菜基地。全市划定粮食生产功能区455万

---

① 数据来源于《云南统计年鉴2021》《云南年鉴2021》《云南农业年鉴2021》《曲靖年鉴2021》。

亩，以罗平、师宗、富源为重点，划定95万亩油菜功能区（重要农产品保护区），确保粮油产能。

2020年，粮食播种面积945.54万亩，增0.1%，粮食总产量324.08万吨，增1.4%，增幅高于全国0.5个百分点，高于全省0.02个百分点，占全省的20%，在全省排第1位；油料产量20.95万吨，占全省的30%，在全省排第1位。据曲靖市农业行业统计数据台账显示，全市种植特色经济作物563.2万亩，产量944.3万吨，产值267.7亿元。蔬菜及食用菌种植面积270万余亩，增5%，产量341.16万吨，增长10.4%，产值140.5亿元；水果种植面积63.5万亩，产量32.12万吨，增长5.5%，产值33.9亿元；花卉种植面积20.6万亩，产鲜切花3.64亿枝、增长23.2%，盆花1 545.2万盆，食用药用等加工花卉152.1万吨，实现产值17亿元；新增桑园面积4 100亩，累计种植面积33万亩，鲜茧产量1.5万吨，产值5.8亿元；魔芋种植面积23.9万亩，产量35.3万吨，产值16亿元；中药材种植面积85.8万亩，产量11.54万吨，增长8.5%，产值54.5亿元。

二、养殖业基础

曲靖是云南省的生猪养殖大市、调出大市。畜禽以猪、牛、羊及鸡、鸭为主。2017年，云南省农业厅将曲靖市命名为云南省唯一的生猪调出大市，其中，宣威、富源、陆良、会泽、麒麟、沾益、罗平和师宗8个县（市、区）被列为国家生猪调出大县，多项指标位居全省第1。截至2020年年底，全市累计新增已建和在建种猪场111个，设计养殖规模546 850头，实际养殖2 332万头。新增已建和在建生猪育肥场2 169个，设计年出栏规模86.79万头，已出栏2 958 601头。全市生猪规模养殖备案数2 241家，其中新增备案数723家。新增规模养殖场占全省新增数量的80%以上，规模养殖率60%以上，较上年提高10个百分点。

至2020年年底，曲靖市牛存栏121.82万头、增长5.9%，出栏61.78万头、增0.1%；生猪存栏755.11万头、增长27.8%，其中能繁殖母猪存栏7 470万头、增长6.58%，肉猪出栏77.25万头，增长1.2%；山绵羊存栏286.30万只、增长4.1%，其中山羊存栏280.66万只、增长2%，肉羊出栏277.94万只，降低0.3%；家禽存栏1 488.63万只、增长11.7%，肉禽出栏3 168.31万只、增长1.2%。肉类总产122.98万吨，增长4.39%；禽蛋产量3.79万吨，增长6.39%：奶类产量4.46万吨，增长58.7%。牧业产值520.49亿元，增长6.8%。生猪规模化养殖场1 759个，规模化养殖率

60%，生猪产能恢复度居全省第1。曲靖推进规模养殖推动生猪产业转型升级得到云南省人民政府领导肯定并批示在全省宣传推广。2020年，完成淡水养殖面积16.3万亩，产量8.93万吨，产值14.05亿元，同比增长1.3%，完成池塘养殖面积7.11万亩。37个省部级水产健康养殖示范场顺利通过农业农村部复审，成功创建陆良，会泽2个国家级渔业健康养殖示范县，曲靖市成为全省唯一拥有4个示范县的州（市）。休闲度假观光渔业综合产值1.2亿元。改造中低产池塘5 500亩，推广池塘内循环养殖15条，在会泽县建设虹鳟、鲟鱼苗种孵化基地100亩，年生产能力1 000万尾。

三、农产品加工基础

2020年，曲靖市加快建设宣威“一县一业”生猪屠宰及火腿加工产业园、陆良蔬菜及乳制品加工产业园、沾益生猪屠宰及肉制品加工产业园，打造区域性特色农产品加工集群。全市年末从事农产品加工的企业和个体经营户共计11.9万个，其中加工类企业2 174个，同比增加252个，增长13.1%，累计实现农产品加工销售收入1 266.1亿元，其中2 174个农产品加工企业实现销售收入584.4亿元，实现利润90.9亿元，上缴税金14.8亿元。农产品加工产值达1 425亿元，农产品加工产值与农业总产值之比由2019年的1.6：1提高到1.8：1。博浩生物科技有限公司被表彰为省绿色食品“10强企业”，宣威浦记火腿公司、宣威云淀淀粉公司、宣威太坤调味品厂被表彰为省绿色食品“20佳创新企业”。

四、农业新型经营主体基础

至2020年年底，累计培育农业产业化龙头企业506家（国家级2家、省级106家、市级286家），同比增加22家，增长4.5%。506家龙头企业共实现销售收入227.5亿元、利润25.5亿元，分别同比增加33.1亿元、8.2亿元，增幅分别为17.03%、47.4%；上缴税金（含免税）2.7亿元，带动农户数87.38万户，带动农户增收总额49.79亿元。2020年评定省级龙头企业21家、市级示范社30个，新增家庭农场150个。

五、品牌建设基础

结合历史文化与产业特点，各县（市、区）分别注册了区域公用品牌“宣威火腿”“爨乡蔬菜”“师宗沃柑”“师宗柠檬”“马龙苹果”“珠源益品”“多依多彩”“富源魔芋”“会泽大洋芋”“七莱云莓”，引导和鼓励经营主体组建“产业联盟”，采取区域公用品牌和龙头企业自主品牌的双品牌方式，提升品牌知名度。2020年，全市3家企业通过粤港澳大湾区“菜篮子”生产基地认定，5家企业为供港澳大湾区蔬菜企业。认定“绿色食品牌”省级产业基地29个，占全省14.5%。新增“三品一标”102个，累计612个；新认定“一村一品”专业乡（镇）1个、专业村54个。“佳沃”牌曲靖蓝莓连续三年被评为云南省“十大名果”。“陆尚”牌杏鲍菇、“云沃坤”牌青花菜（小西兰花）被评为云南省2020年“十大名菜”。云淀淀粉有限公司、宣威太坤调味品厂被表彰为云南省2020年绿色食品20佳创新企业。新增陆良县龙海乡雨古村和陆良县马街镇马街社区2个国家级“一村一品”示范村，麒麟区珠街街道中所村被推介为全国乡村特色产业亿元村。陆良县和宣威市入选2021年度云南省“一县一业”示范县。但在国内同行业中影响力、知名度较高、叫得响的品牌少，市场竞争力不强等问题仍然较为突出。

六、农旅融合发展基础

发展休闲农业与乡村旅游业，促进农旅深度融合，是推动农业转型升级、实现农业现代化的强大动力。近年来，曲靖市利用各类农业资源、为城乡居民提供观光、度假、娱乐、健身等服务的休闲农业得到快速发展，乡村旅游已形成了特色美食文化、田园风光体验、现代农业展示、民俗乡情文化、科普教育等多项主题，一批农旅相互渗透产业项目初见成效，尤其以罗平县“油菜产业”休闲观光效果显著，已成为曲靖乃至云南的一张靓丽名片。依托“一部手机游云南”App，加大精品休闲农业旅游线路开发；举办油菜花节、火腿文化节，铁人三项赛等活动，创造性地开发更加个性化、人性化，高附加值的体验式农业观光休闲产品，增强游客互动性、参与性及趣味性。遴选推介会泽大海草山、麒麟克依黑景区、沾益珠江源杜鹏银杏庄园，师宗五龙旅游小镇4条乡村旅游精品线路，提升曲靖休闲农业和乡村旅游知名度。推荐沾益区西平街道浑水塘村、会泽县娜姑镇白雾村和罗平县旧屋基乡法湾村参与中国美丽休闲乡村推荐活动。2020年，曲靖市休闲农业经营主体共计523个，其中，市级示范企业（点）76个、省级示范点8个、国家级示范点1个、全国休闲农业与乡村旅游示范县1个，中国美丽田园2个、中国最美休闲乡村1个。从业人数1.24万人，其中，农村就业人数1.12万人，带动农户7.23万户，同比增长13.17%。实现营业收入26.32

亿元，增长7.84%，其中，农副产品销售收入677亿元，增长2.71%；因受新冠疫情影响，罗平国际油菜花文化旅游节等节庆活动取消，旅游收入略有下滑，实现利润总额1.74亿元，下降65.45%。罗平县上榜全国县域旅游发展潜力百佳县，麒麟水乡景区、克依黑景区被评定为国家AAAA级旅游景区。

第三节　高原特色农业发展成效①

一、主导产业格局基本形成

曲靖农业产业基础雄厚、优势突出，现已基本形成了优势特色农业产业基地。2020年全市农业实现增加值553.53亿元，占全省的20%，居全省第1位。

1. 蔬菜产业

依托陆良蔬菜冷链物流交易中心引领，在陆良陆航、会泽道成，沾益蔬菜产业园等航、会泽道成、沾益蔬菜产业园等37个重点蔬菜企业拉动下，建成万亩蔬菜规模化基地12片、千亩规模化基地46片。蔬菜及食用菌种植面积270万余亩，产量341.16万吨，产值140.5亿元。陆良爨乡绿圆菇业有限公司“陆尚”牌杏鲍菇、云南沃坤青花菜被评为2020年“云南十大名菜”。麒麟是全国六大优势区域之一的云贵高原夏秋蔬菜优势区域，适宜发展大多数夏秋冷凉蔬菜品种种植，可与沿海、北方部分地区及东南亚地区形成蔬菜（叶菜类）种植优势互补；沾益区生产条件符合国家无公害蔬菜生产标准的要求，全区5.38万亩蔬菜生产基地已通过云南省绿色食品发展中心的产地认定，有41个产品获得无公害蔬菜产品认证，年直接出口商品蔬菜1.5万吨，出口创汇1 500万美元；宣威引进4家蔬菜生产加工企业，培育11个本土企业，有86个专业合作社和种植大户，百亩以上蔬菜标准化生产基地118个。主要加工类型为保鲜蔬菜、速冻蔬菜，加工数量5.6万吨，鲜菜主要销往昆明、广东、四川、贵州及周边县（市），鲜菜销售额5.4亿元。加工产品主要销往广东、香港等地，加工产品销售额0.8亿元。认证蔬

① 数据来源于《曲靖年鉴2021》，2020年涉及县国民经济和社会发展统计公报。

菜绿色产品 7 个、注册蔬菜商标 10 个，打造中国著名品牌 1 个。曲靖蔬菜产业依托境内特殊的地形地貌、气候土壤、河流山川，在麒麟、沾益、陆良、马龙、师宗、宣威重点打造外向型标准化设施蔬菜基地；在师宗、陆良、富源半山区重点打造夏秋山地蔬菜基地；在师宗、罗平、会泽、富源低热河谷区重点打造冬早蔬菜基地。通过在种植品种、种植模式、安排茬口、上市季节等方面的合理搭配，做到温室、大中小棚、地膜等设施蔬菜和露地蔬菜协调发展的格局，实现周年生产，均衡供应，成为云南省常年蔬菜优势产业区代表。

2. 水果产业

在巩固发展地方水果的基础上，按照适区适度发展原则，着力推进高端蓝莓、柠檬、草莓等高端水果种植基地建设，打造了曲靖蓝莓、马龙苹果、会泽石榴等水果品牌，在沾益兴建，马龙牧雨春田、富源白马桃花庄园等市级以上龙头企业的带动下，水果产业呈现规模化、品牌化、高端化发展态势。全市水果种植面积 635 万亩，产量 32.12 万吨，产值 33.9 亿元。曲靖佳沃现代农业有限公司蓝莓被评为“云南十大名果”。麒麟生产的蓝莓果形大、糖度高、硬度好，品质优，深受北上广等市场青睐，露地栽培 4 月初成熟上市，可弥补 4 月、5 月蓝莓全球供应空档期，市场竞争优势突出，注册了“七彩云莓”商标，马龙区是理想的中早熟绿色有机苹果种植区域。在“八五”期间就定为云南早熟苹果基地县，因纬度没有昭通高，据调查，同一品种成熟期比昭通要早 15 天，比山东早 30 天，马龙苹果在成熟期上占绝对优势。选育了“龙威、龙嘎”两个具有早熟稳产、果实硕大、果面光滑、果肉细腻、色泽艳丽、营养丰富等特点的品种；宣威建成龙场苹果、西泽软籽石榴、板桥、东山蓝莓、格依葡萄等标准化水果种植示范基地 66 片，优质苹果示范区面积 2.6 万亩，认定无公害水果 8 个，注册水果商标 7 个，“龙津”水果出口越南。会泽县的突尼斯软籽石榴种植面积、产量均是全省第一，特色化明显，比较优势强，2018 年会泽干海子合作社的突尼斯软籽石榴评为云南 10 大名果；以会泽县为代表种植的日中性草莓（即四季草莓）品种生长期较省外其他产区长 3~4 个月，单位面积产量高 1 倍多，具有很强的市场竞争力，2018 年待补镇及周边乡镇种植四季草莓约 2.8 万亩，约占全国同期草莓种植面积的 80%，对保证全国夏秋草莓鲜果供应具有举足轻重的作用，2019 年 9 月 24 日，农业农村部网站上公布全国第九批“一村一品”示范村镇名单，云南会泽待补的“夏季草莓”入列，待补成为“中国夏季草莓之乡”。

3. 中药材产业

围绕打造“滇东药谷”，中药材产业在沾益绿新生物工业大麻加工、宣威龙津生物药业等重点项目带动下，种植规模扩大，品种增多。种植工业大麻、滇黄精、灯盏花等中药材54个品种。种植面积85.8万亩，产量11.54万吨，产值54.5亿元。沾益区被认定为“中药材产业示范县”、全省首批“云药之乡”，是全国最大的万寿菊种植加工基地，先后建成全国最大的一年生当归种植基地、全国最大的银杏连片种植基地，药品质量好；罗平生姜产量近30万吨，生姜产业在当地农村经济结构中具有十分重要的地位和作用。罗平县生姜等特色产业具有较好的历史传承和发展基础，产量产值名列全省前列。宣威市现已建成中药材产业园79个。部分园区分别与云南白药厂、昆明龙津药业、广东白云药业、益康中药有限公司等一批中药加工企业签订生产订单，“龙津”牌灯盏细辛获得“十大名药材”称号。建成重楼生产基地5 000亩，金铁锁1万亩、当归1.5万亩，中药材已成为继粮、烟、猪三大传统产业之后的朝阳产业。

曲靖市山区土地面积广阔，273个土壤种类适宜各类中药材种植土质需求，是中药材的道地产区和主产区之一，也是云南省中药资源最为丰富的地区之一。曲靖市中药材种植历史悠久，野生药用植物资源丰富，人工种植环境优越，开发潜力较大。现中药材产业已初具规模，成为曲靖市农业主导产业之一，中药材产业对曲靖稳增长、调结构、兴产业、促改革、惠民生具有十分重要的作用。

4. 魔芋产业

依托富源县富村镇佳芋食品有限公司、富源县雄升农贸有限公司、金田原农产品开发有限责任公司等龙头企业。推进商品芋和种芋发展。魔芋种植面积23.9万亩，产量35.3万吨，产值16亿元。曲靖市魔芋种植主要分布在富源县、宣威市、会泽县、陆良县、沾益区、麒麟区和罗平县（市、区）的27个乡（镇、街道）。2007年9月“富源魔芋”商标通过国家工商总局①注册，2014年被工商总局商标局认定为中国驰名商标。富源县提供的魔芋种芋占全国50%以上的市场份额，2018年被评为全国十个魔芋产业重点县之一。富源魔芋产业优势突出、种植技术成熟、特色鲜明，魔芋文化打造已具雏形，上游可提供优质原料，下游有系列产品。曲靖是魔芋生长最适宜区之一，多数耕地适宜魔芋种植，现已实现规模化、标准化、商品化种

① 2018年改为国家市场监督管理总局。

植，魔芋产业已发展为曲靖农业特色产业之一。

5. 蚕桑产业

曲靖是云南蚕桑产业的重要组成部分，主要分布在沾益、麒麟、陆良等县（市、区）。2020 年，蚕桑产业在云南新千佛茧丝绸集团有限公司、麒麟华佳茧丝绸有限公司的带动下，新增桑园面积 4 100 亩，累计种植面积 33 万亩，鲜茧产量 1.5 万吨，产值 5.8 亿元，鲜茧收购价 38 元/千克，生产形势基本平稳。陆良被中国蚕学会认定为蚕桑之乡，沾益区是全省十大蚕桑核心基地县之一，是全国为数不多的优质茧生产区。生产规模位居全省第 6，蚕茧质量名列全省前茅，是缫制 5A 级以上生丝的优质原料生产基地之一。曲靖栽桑养蚕技术成熟，具备较好的产业发展基础。

6. 花卉产业

巩固发展万寿菊等工业用花卉、加快食用玫瑰和灯盏花等食用药用花卉种植和精深加工，多元发展鲜切花、盆栽等高附加值花卉产业。马龙现代花卉种植园云南爱必达、海盛、英茂等花卉企业设施扩建，沾益博浩生物 5 万亩万寿菊种植、陆良县夏古村万亩花卉生态产业园建设稳步推进，花卉产业集聚度逐步提高，鲜切花、盆花等高附加值花卉产业在母亲节、七夕节、元旦、春节等节日消费拉动下稳步发展。种植花卉面积 20.6 万亩，产鲜切花 3.64 亿枝、盆花 1 545.2 万盆、食用药用等加工花卉 152.1 万吨，实现产值 17 亿元。

目前曲靖市花卉产业区域布局基本形成。食用和药用花卉生产在全市范围内重点发展；工业原料花卉生产以沾益区、马龙区、陆良县、师宗县和宣威市为主；鲜切花生产以麒麟区、师宗县、会泽县、沾益区、宣威市为主；绿化观赏苗木以麒麟区、沾益区、宣威市、师宗县为主；盆栽观赏植物以麒麟区、师宗县、罗平县、沾益区、宣威市为主；球根花卉种球繁育以会泽县为主；特色花卉以麒麟区、师宗县为主。罗平、麒麟、宣威、师宗、沾益被列为云南省花卉产业重点县。曲靖市花卉主要以食用与药用花卉、工业用花、特色花卉、鲜切花、种用花卉等为主，目前已有干花制品，花卉食品、花卉酒类及相关制品、花卉保健品、花卉药品和花卉化妆品等花卉产品。

7. 马铃薯产业

会泽县建有 20 000 米^2 的脱毒马铃薯繁育中心、20 万亩脱毒马铃薯种薯标准化生产示范园和马铃薯育种基地 1 个，实现了育繁推一体化发展；马铃薯无公害生产基地 2 个，面积 35 030 亩，产量 70 225 吨；马铃薯绿色食品生产基地 3 个，面积 11 215 亩，产量 23 085 吨。常年外销马铃薯达 110

万吨（种薯 40 万吨、商品薯 70 万吨），外销率达 70%左右。注册了“丹紫红”七彩土豆品牌，申报认证了会泽大洋芋地理标志产品；形成了专门从事种薯、商品薯营销县、乡、村三级营销服务网络。曲靖市是云南省种植马铃薯自然条件最优越的地区，也是全省马铃薯主产区。曲靖马铃薯淀粉含量与中国西北地区马铃薯相当，为 16%～17%；蛋白质含量达 2.5%～2.6%，为全国各产区最高。曲靖马铃薯常年种植面积和年产量分别占全省的 27%、40.3%。目前，曲靖市有马铃薯龙头企业 9 户，其中薯片厂 2 户、淀粉厂 1 户、种薯及商品薯营销 6 户，先后培育了“宣威土豆”“会泽脱毒马铃薯”“沾益珠江源土豆”等品牌。

8. 油菜产业

2020 年，罗平县油菜种植面积 81.45 万亩、产量 15.16 万吨；油菜籽加工能力逾 20 万吨，其中，规模加工能力 12 万吨；蜂蜜产量 1 910 吨，产值 1.85 亿元。在油菜花旅游节的带动下，罗平县先后获得了“全国休闲农业与乡村旅游示范县”“中国美丽田园”“全国蜜蜂春繁基地”等称号，有力推动了油菜、蜂蜜的深加工和旅游业发展。油菜产业已成为全国农业三产融合发展的典型和提升罗平知名度最响亮的品牌。

9. 生猪及火腿产业

曲靖养猪历史悠久，农民在科学养猪上积累了比较丰富的经验，为养猪业的快速发展创造了条件。境内有极其丰富的饲料资源为生猪养殖业、火腿产业的发展奠定了物质基础。宣威、富源、陆良、会泽、麒麟、师宗、沾益、罗平等县（市、区）已发展成为全省生猪生产基地县（市、区）及调出大县，2020 年生猪存栏数居全省第 1 位。宣威成功申报成为云南省“一县一业”火腿及生猪示范县，有宣威火腿的百年品牌优势、千家万户生猪养殖的传统优势，以及历经十余年培育成功的宣和猪品种资源优势等。宣威火腿的生产、加工历史悠久，源远流长，至今已有近 300 年的历史，是畜产品中第一个受国家原产地域保护的地方名特优产品，受到国内外消费者的喜爱和欢迎，具有明显的市场竞争优势。

10. 肉牛产业

曲靖市利用境内秸秆资源丰富，可食牧草种类繁多，有草原面积及半人式草场可利用实施划区轮牧，青贮饲料玉米种植基础好等条件发展肉牛产业，2020 年末，牛存栏 121.62 万头，出栏 61.78 万头。马龙区 2020 年实现肉牛存栏 5.96 万头、出栏 2.83 万头、牛肉产量 4 261 吨，马龙肉牛产业发展成为区域特色鲜明、比较优势突出、产业规模较大、产业链条完整、经济效益明显、市场竞争力强的绿色有机肉牛生产基地区、肉牛交易区和屠宰深加工区，形成种、养、加、销一条龙，农、工、技、贸一体化的现代农牧全产业集群，辐射带动全市乃至全省肉牛产业发展。

11. 其他

近年来，区域内具有特色和优势的产业，如玉米（制种）、荞麦及罗平黄山羊、深沟鸡、奶牛、奶山羊等拥有较强的发展潜力和市场前景。

二、农业农村经济取得新成效

“十三五”以来，曲靖市以“两型三化”和全省打造“三张牌”为引领，不断调整优化农村经济结构，抓实传统产业转型升级和新兴产业培育，全市农业生产条件明显改善，农业科技支撑能力显著增强，农业产业化经营快速推进，农业综合生产能力稳步提高。2020 年，全市粮食总产达到 324.08 万吨，连续 6 年保持增产，农林牧渔业总产值达 911.13 亿元，增加值达到 197.9 亿元，在全省 16 个地州中排名第 1。

一是农业规模化生产不断增加。2020 年，曲靖市落实《曲靖市现代农业产业发展规划（2020—2025 年）》《曲靖市人民政府关于推进现代农业高质量发展的实施意见》《曲靖市政府关于印发曲靖市推进绿色蔬菜、优质水果、道地药材、新兴花卉 4 个产业实施方案》，围绕打造“粤港澳大湾区”蔬菜供应中心，发展规模高效经济作物 300 万亩，其中，蔬菜 134 万亩、水果 52 万亩、中药材 60 万亩、花卉 13 万亩。全市建成万亩蔬菜规模化基地 12 个、千亩规模化基地 46 个，认证绿色有机基地 25 个 4.4 万亩，成功申报“粤港澳”菜篮子生产基地 3 个。初步形成 6 个万亩、37 个千亩水果规模生产基地，认证绿色有机基地 25 个 25 万亩，分别建成万亩、千亩和百亩中药材基地 8 个、15 个和 61 个。建成花卉上万亩基地 1 个、千亩基地 22 个，上 500 亩基地 15 个。建成全国最大的优质烤烟生产基地，蚕桑、魔芋、中药材种植面积和产量均居全省第 1，粮食、油料、蚕茧、肉类产量稳居全省第 1，8 个县（市、区）被列入全国粮食生产大县和生猪调出大县。

二是农业新型经营主体不断增强。全市亿元以上农业龙头企业达到 44 个，3 户龙头企业进入全省绿色食品“10 强企业”“20 佳创新企业”；认定“两品一标”产品 750 个以上，家庭农场总数达 2 488 家，全市共有农民专业合作社 6 108 户，新增 10.33%。农民专业合作社出资金额累计达到 105.56 亿元，新增 10.15%，有力推动了小农户与现代农业有机衔接。截至

2020年10月30日，曲靖市9个县（市、区）和曲靖经开区1 608个村（社区）、14 870个村（居）民小组全部完成农村集体产权制度改革任务，1 608个村（社区）全部成立股份经济合作联合社，2 310个有经营性资产的村（居）民小组成立股份经济合作社，完成成员身份认定546.6万人，核实村组集体资产268.3亿元，核实经营性资产21.04亿元。

三是农业农村经济竞争力显著提升。麒麟区、马龙区、师宗县被命名为全国农产品质量安全县，陆良县、宣威市2个省级“一县一业”示范县和麒麟区、罗平县2个“一县一业”特色县加快建设，宣威火腿、大河乌猪、富源魔芋、盐水石榴、乐业辣椒、火红黑山羊、沾益珠江源土豆、马龙苹果等区域公用品牌和地理标志产品的市场知名度显著提升，麒麟珠街中所村（红美珠葡萄）、会泽待补（夏季草莓）被农业农村部命名为“一村一品”示范村镇，马龙区获得“国家农业绿色发展先行区”称号。

四是农村电子商务公共服务能力不断提升。农村电商发展基础不断夯实，全市电子商务进农村综合示范项目共建成县（市）级电子商务公共服务中心5个、乡（镇）级电商服务站86个、村级电商服务站596个，行政村，建档立卡贫困村电子商务服务站点覆盖率均已达50%以上。物流配送效率进一步提高，建成县级仓储物流中心5个，整合邮政、中通、圆通、申通等快递物流企业9家，开辟乡（镇）邮路100余条。形成以县级仓储物流中心为枢纽、村级电子商务服务站点为末梢的快递物流体系，大大降低配送成本。实现县到村配送时效1~3天、偏远乡村3~7天。初步打造“淘宣威”“师宗味道”“多依多彩”“胜境富源”“会泽百家”等5个区域电商公共品牌，推动火腿、黄豆腐、薏仁、小黄姜、蜂蜜等一大批本地优质农特产品网销化。农特产品溯源体系建设进一步加快，31家企业的1 180个单品实现可实时追溯。电商营销渠道不断拓宽，开展宣威火腿、会泽软籽石榴、罗平小黄姜，师宗花米饭等直播带货专项活动，持续促进本地特色农产品上行。2020年全市实现电子商务网络交易额128亿元，实现电子商务网络零售额26亿元。

五是农业现代化建设进入新阶段。2020年，曲靖市建立“一对一”网格化监管，建设省级产业基地48个，制定地方农业规范29项，建成国家级农业标准化示范区7个。开展“国家农产品质量安全提升月”活动，实施化肥和农药减量行动，化肥使用量44.2万吨，同比减少0.1%；示范推广绿色防控技术72.5万亩，农药施用量同比减少0.3%。完成畜禽养殖禁养区、限养区划定，改造提升规模养殖场478个，配套粪污无害化处理设施养殖场

1 283 个，规模养殖场养殖废弃物资源化利用率达 82%。农业科技进步贡献率达 60%，全市农作物耕种收综合机械化率超过 53.5%，化肥、农药施用量连续 4 年实现负增长，农产品质量安全监测合格率稳定在 98%以上，农作物良种覆盖率达 96.5%以上。

三、农业基础设施迈上新台阶

"十三五"以来，曲靖市深入实施以综合交通为主的基础设施建设，水利、交通、能源、互联网等基础设施服务能力大幅提升，农业农村基础设施明显改善。

一是农村水利建设步伐加快。骨干水源工程加快推进，阿岗水库主体工程完工，车马碧水库完成枢纽工程，黑滩河水库前期工作取得实质性进展。实施病险水库除险加固工程 187 件。推进 18 件小（一）型水库、2 件引调水重点水源工程建设，建成山区"五小水利"工程 87 424 件，巩固提升农村 351.455 万人的饮水安全问题。2020 年，曲靖市在建重点水利工程 31 件，包括 2 件大型、6 件中型、21 件小（一）型、2 件小（二）型，总库容 8.05 亿米^3。完成 1 847.9 米高程以下水库征地移民安置验收，准备下闸蓄水验收，累计完成投资 22.55 亿元，年内完成 2.18 亿元。车马碧水库大坝封顶，大坝混凝土面板浇筑全部完成，输水隧洞及 11 条支洞全部贯通，累计完成投资 20.94 亿元，年内完成 4.61 亿元。富源进启、牛耳管、小老厂水库和会泽朝阳水库完成竣工验收。麒麟龙潭河、会泽长箐、宣威色米乐和石城河、师宗阿宜格、富源岔河 6 项骨干水源工程主体工程完工。花山水库、沾益九龙水库、马龙鲁谷水库、瓦窑箐水库等 13 件正按计划有序推进。2019 年 28.17 万亩高标准农田建设工作已完成，建设质量和进度排名全省前列，并在全省农田建设工作会上作交流发言，建设成效以视频推荐到农业农村部。2020 年，争取高标准农田建设任务 37.46 万亩（含高效节水灌溉面积 12.16 万亩）。全部布局在"两区"（粮食生产功能区、重要农产品生产保护区）范围。全面推行河长制，全市主要江河水功能区水质达标率达 94.4%。

二是农村交通运输网络全面完善。铁路运输网络进一步完善，在全省率先实现县县通高速，建制村道路全部实现硬化。推动全市"四好农村路"建设，建成"美丽公路"示范路 3 531 千米，陆良县被授牌为"四好农村路"全国示范县，为城乡客运和物流网络全覆盖提供有力支撑。加宽改造农村公路窄路基路面、加强农村公路安全生命防护工程建设和危桥改造，推进资源路、旅游路、产业路改造建设，基本形成“外通内联、通村畅乡、客车到村、安全便捷”的交通运输网络。

三是农业设施设备加快升级改造。农业机械物资装备水平加快提升，2020年，曲靖市通过实施市级新型农机具推广应用项目引领带动。打造水稻、玉米，马铃薯和油菜生产全程机械化。推广适应山坡地、小块地作业的中小型农业机械，开展主要粮食作物全程机械化并向特色经济作物机械化延伸。全市争取中央农机购置补贴资金5 921万元，补贴机具15 384台，受益农户1 209户。农机总动力308万千瓦，完成农机作业面积978万亩，玉米、水稻、马铃薯、油菜等主要农作物生产全程机械化技术推广示范61.3万亩。主要农作物耕种收综合机械化水平53.5%。推进畜禽业转型升级，畜禽规模养殖场备案3 207个；畜禽圈舍、自动饲喂、疫病防控等设施设备加快建设，畜禽养殖规模化率达到50%，规模养殖场粪污处理设施装备配套率达99.82%，大型规模养殖场配套率达100%。大力实施奶业振兴计划，支持奶牛、奶山羊养殖场设施改造，建成一批优质饲草料基地，奶牛规模养殖比重达到100%。

四是农村信息化建设不断提升。大力推进农村信息基础设施建设，实施数字乡村建设工程。“十三五”期间，全市累计建设通信铁塔12 800余座、基站28 000多套，实现5G网络县、乡覆盖，行政村4G网络全部覆盖；新建5G实验及体验基站21套。启动“数字曲靖”建设，全面推进信息进村入户工程，在全市1 485个行政村启动信息进村入户试点工作。2020年，曲靖市推进“智慧农业”大数据平台项目建设，已完成项目公开招投标，与中标公司签订合同，大数据库物理库、物联网平台等已建成，正组织收集农业系统数据，遴选农业物联网示范点。统筹推进农业系列平台应用建设，智慧土肥、兽药信息监管、畜禽养殖监管、现代农业科技示范园建设农业物联网等应用平台建设推进，全市“智慧农业”基础体系雏形形成。

四、农业生态环境质量持续提升

曲靖市持续加强生态环境系统保护修复，推进生态环境综合治理、系统治理、源头治理，全力打好蓝天、碧水、净土三大保卫战和牛栏江、南盘江水系保护修复，城市黑臭水体治理等标志性战役。

一是推进农村人居环境整治。按照《曲靖市农村人居环境整治三年行动方案》的要求，配齐了乡镇综合执法队，建立了保洁员队伍。通过建立健全村庄公共环境保洁制度，进一步增强村庄保洁力量，修改完善各种村规民约，推动形成建、管、用统一的长效机制，切实增强农民群众维护村庄环境的自觉性和主动性。有序扎实推进农村人居环境整治，提升改造农村生活垃圾、生活污水、厕所粪污治理等基础设施。2020 年，以美丽乡村建设为抓手，打造农村生态宜居环境。全市完成 353 个行政村农村环境综合整治，14 515 个自然村均达到一档村标准。创评省、市、县三级美丽村庄 82 个。截至 2020 年年底，累计建成乡镇垃圾处理设施 118 座、生活污水处理设施 113 座、建设行政村公厕 1 449 座，改造农村无害化卫生户厕 53. 5 万座，全市卫生厕所普及率达到 85. 38%，无害化卫生户厕覆盖率达 62. 33%，生活垃圾收运处置体系覆盖 90%的行政村。

二是深入开展农业面源污染综合治理。重点抓好以牛栏江、南盘江、北盘江等重点水系流域修复保护工作，流域内畜禽养殖粪污、农药、化肥、残膜、农作物秸秆等污染物的综合治理和资源化利用进一步提升，珠江源上游水源涵养保护和水土保持能力增强。实现测土配方施肥技术覆盖率长江流域达 93%以上、南盘江和北盘江流域均达 90%以上，主要农作物病虫害绿色防控覆盖率达 35%以上、专业化统防统治覆盖率达 45%以上，化肥农药利用率达 40%以上，主要农作物秸秆综合利用率达 88%以上，畜禽粪污综合利用率达 75%以上。

三是启动曲靖中心城市面山景观生态修复治理项目。以创建国家森林城市和巩固国家森林城市创建成果为抓手，组织实施天然林资源保护。退耕还林还草、防护林体系建设、湿地保护与修护，石漠化治理和陡坡地生态治理等林草重大工程，狠抓自然保护地管理和优化整合。加快对裸露破损、植被稀疏山地的修复治理。对寥廓山南坡片区面山进行绿化，合理补植树种。建设翠屏山森林公园、卓笔山森林公园。全市累计投入森林城市建设资金达 58. 43 亿元。森林覆盖率达 50. 1%，森林蓄积量达 6 774 万米^3，境内有国家、省、市、县级自然保护区 23 个，面积 3 034. 08 千米^2，完成营造林 274. 66 万亩，实现省级以上园林县城全覆盖。

四是建立区域内横向生态补偿机制。全面完成城乡绿化攻坚三年行动，创建国家级生态乡镇 4 个，省级生态乡镇 58 个。至 2019 年，PM2. 5 年均浓度下降 25%，纳入国家和省考核的地表水优良水体比例达 81. 8%，获得了“全国十大宜居城市”“国家卫生城市”“国家园林城市”等诸多荣誉。2020 年，成功创建国家级森林村庄 19 个，省级森林乡村 144 个，村庄绿化覆盖率 35. 15%、集镇绿化覆盖率 32. 51%；创建森林社区 10 个，森林学校 15 个，森林人家 9 个。

五、脱贫攻坚取得决定性成效

全市把脱贫攻坚作为“十三五”期间头等大事和第一民生工程来抓，开展义务教育、基本医疗、住房安全、饮水安全保障等专项行动，通过聚焦深度贫困地区集中攻坚、强化易地扶贫搬迁脱贫措施、深入推进沪滇扶贫协作和定点扶贫、加大扶贫投入和扶贫资金监管力度、加大产业扶贫力度、持续强化稳岗就业，建立健全返贫监测预警和动态帮扶机制，坚持“富脑袋”和“富口袋”并重，全面落实兜底保障政策，多措并举巩固提升脱贫攻坚成果，全面打赢脱贫攻坚战。始终坚持把农业农村工作作为优先领域予以重点保障，“十三五”期间全市累计投入各级各类扶贫资金 673.06 亿元，其中，中央及省级财政专项扶贫资金 74.77 亿元，中央财政脱贫攻坚补短板综合财力补助资金 9.05 亿元，市级财政专项扶贫资金 24.1 亿元，县级财政专项扶贫资金 14.98 亿元，财政涉农整合资金 134.56 亿元（不含财政专项扶贫资金），易地扶贫搬迁财政专项资金 93.24 亿元，行业部门专项资金 115.71 亿元，各类金融扶贫资金 177.80 亿元，上海对口帮扶资金 6.89 亿元，江苏省 65 家企业和社会组织投入帮扶资金 697 万元，云南中烟帮扶资金 4.03 亿元，社会帮扶资金 17.67 亿元，其他扶贫资金 1 874.19 万元，为曲靖市农业农村发展提供了有力的资金保障。2020 年，坚持以脱贫攻坚统揽经济社会发展全局，完善“三包一帮”责任体系接连开展脱贫攻坚“春季攻势”和“百日总攻”“百日提升”“百日收官”行动。举全市之力“战疫战贫”，脱贫攻坚各项工作落地见效。全年全市 3.02 万户 992 万人全部脱贫，稳定实现“两不愁三保障”。计划出列的 171 个贫困村全部达标出列；争取各级各类资金 135.07 亿元用于脱贫攻坚。全市实施项目库入库项目 3 715 个，覆盖 1 280 个村受益贫困户 2 135 万户 665 万人；建成特色经济作物规模基地 176 万亩，规模养殖场 2 608 个，出栏生猪 1 082 万头、肉牛 64 万头、肉羊 273 万只、肉禽 2 800 万羽，特色产业惠及贫困户 22 万户，新增小额扶贫贷款 4.09 亿元。扶持龙头企业、农副产品加工业等新型经营主体，累计扶持发展龙头企业 524 个、农民专业合作社 5 772 个，带动贫困户 12.98 万户，参加入股分红等利益链接贫困户 1.2 万户，实现有产业发展条件和劳动能力的贫困人口“应扶尽扶”。截至年底，全市 82.72 万建档立卡贫困人口全部脱贫，1 203 个贫困村全部出列，罗平县、富源县、师宗县、宣威市、会泽县高质量摘帽。全市贫困发生率由 2014 年底 14.76%降为零。“三联三争”“五面红旗”“爱心超市”“六清六定项目库建设”等典型经验、曲靖模式在全省、全国推广，脱贫攻坚取得历史新成效。

第四节　制约因素和机遇与挑战

一、主要制约因素

1. 基础设施不能适应现代农业发展要求

受地理位置、地质条件等因素制约，曲靖农业基础设施总体投入有限，配套设施不健全。一是水利化程度较低。规划区内水能资源虽然丰富，有流域面积 100 千米^2 以上的河流 80 多条，但由于水利设施建设不足，对特色优势产业发展的支撑力弱。二是农田水利基础薄弱。2020 年，规划区内 1 148.9 万亩耕地面积中，灌溉面积仅 307 万亩，占比 26.72%。① 建设高标准农田仅 169 万亩，总量远达不到规划区重点产业规模化种植的要求，农田水利依然是制约产业发展的关键因素。三是适合设施作业的小型机械、智能化控制设备和水肥一体滴（渗）灌设施、自动化控制等技术装备水平低，生产成本高。四是农业资源约束矛盾日益突出。随着农业新型产业的快速发展，各产业间相互争地块、争劳力、争节令、争水源的矛盾日益突出，较大程度制约产业的发展。

2. 加工发展滞后，物流体系不完善

近年来，曲靖市农产品加工发展取得一定成效，但总体仍处于较低水平。一是产业链条短，产品附加值低。蔬菜、水果均以鲜销为主，除必要的分拣、清洗等初加工外，缺乏精细包装和深加工产品，综合利用受限，产值大都停留在初加工上。二是规模化加工企业不足，加工水平偏低。冷链物流加工企业“小、散、弱”现状突出，部分地区仍以农户作坊式加工为主。产后保鲜、储运和交易等设施落后，缺少必要的冷链物流设施设备，导致物流过程中的产品损耗较大，大大降低品质和效益。三是养殖物流配送体系缺失。曲靖养殖业仍以家庭式养殖为主要特点，很大一部分养殖场（户）分布散乱，而养殖业产业链条长、环节多、结构复杂，易产生流通损耗，现运输方式以卡车为主，成本占比高，缺乏安全、及时、高效的物流系统，与现

① 数据来源于《云南年鉴 2021》《云南农业年鉴 2021》《曲靖年鉴 2021》。

代化养殖需求还存在较大差距。四是加工和营销环节增值少，生态优势和质量优势未充分转化为经济优势。2020 年，全市年末从事农产品加工的企业和个体经营户共计 11.9 万个，其中加工类企业 2 174 个，累计实现农产品加工销售收入 1 266.1 亿元，加工产值 1 425 亿元，占全省 4 136.10 亿元的 30%，农产品加工产值与农业总产值之比为 1.8：1，虽高于全省 1.6：1 的平均水平，但远低于全国 2.4：1 的平均水平。

3. 规模化、组织化、标准化水平低

一是规模化生产水平较低。曲靖市农业大而散，规模化水平较低。2020 年，发展规模高效经作 300 万亩，标准化规模养殖场（小区）仅有 2 241 个。二是组织化程度低。表现为企业整体带动能力弱，很大程度制约着产业规模化、绿色化和市场化发展，尤其是难以与国内外大市场形成有效对接。目前，曲靖辖区内省级以上的龙头企业 106 个，国家级龙头企业仅 4 家。三是标准化程度偏低。农业种养品种多，产品种类多，但形成规模、具有一定影响力的少，县域主导产业不突出。散、弱、粗放的小农生产仍占主导地位。

4. 创新能力不足，结构性科技人才缺乏

目前曲靖技术创新和新产品研发能力还处于较低水平，技术与产业结合不紧密，缺少核心技术，产品竞争能力总体不强，与高质量农业发展的现实需求相比，仍存在较大差距。一是结构性科技人才缺乏，特别是农业加工与市场物流等方面、高新技术产业开发的高层次人才紧缺。二是科技创新企业匮乏。科技型企业较少，多数企业的科技意识和创新观念不强，可持续发展后劲不足。成果转化应用平台不完善，科技成果转化率较低，科技资源无法充分利用。三是科技投入不足。各级财政科技扶持力量有限，政府、社会、企业参与的多元化的科技创新融资体系没有形成。

二、发展机遇

1. 发展战略机遇

国家深入实施乡村振兴、质量兴农战略，为曲靖这一传统农业大市，加快发展绿色生态农业、持续提高农业创新力、竞争力和全要素生产率，推进农业转型升级指明了方向，提供了路径；随着“一带一路”、长江经济带建设的推进，曲靖作为西部大开发的重点地带、滇中城市经济圈的重要节点，必将为曲靖发展优质高效绿色农产品出口生产基地、打造农业对外交流的重要窗口注入新的活力和强大动力。

2. 政策机遇

国家坚持农业农村优先发展，相继出台了落实发展新理念加快农业现代化、深入推进农业供给侧结构性改革、推进农村一二三产业融合、促进农产品加工业发展、创新体制机制推进农业绿色发展等系列文件，为曲靖农业调结构、转方式、兴业态、增效益提供了政策支撑；云南省委、省政府持续深入打造世界一流“绿色食品牌”系列部署，为曲靖挖潜力、补短板、显优势，推进农业转型升级提供了现实路径。

3. 市场机遇

随着经济社会的发展，城乡居民收入水平的提高，消费升级正在加速，消费结构加快由注重数量转向注重质量，“绿色生态、安全优质”农产品消费增长潜力巨大。开放的、多元化的市场需求，为曲靖充分发挥优良的生态环境和良好的产业基础优势，生产安全优质、丰富多样、生态环保的农产品提供了广阔的前景，有利于将曲靖资源优势、生态优势和产品优势转化为质量优势、品牌优势和效益优势。

4. 信息化机遇

信息技术创新日新月异并加速与农业农村渗透融合，为农业现代化发展带来了发展机遇。信息化的快速发展，补齐了边疆、内陆地区在传统农业时代的市场信息落后、要素流动滞后、生产理念落后等产业发展短板，有利于带动曲靖农业实现市场化，倒逼农业生产的标准化，提高农业的组织化，引导农业的品牌化，为曲靖农业高质量发展注入新动能。

三、面临挑战

1. 资源环境挑战

曲靖地处珠江源头、长江上游，是国家重要的生态屏障，一方面，造就了生产绿色、生态、优质农产品的得天独厚优势；另一方面，随着生态文明建设步伐加快，资源环境约束趋紧，农业产业小散弱、低效粗放的生产方式和高质量发展的矛盾日益凸显，优化资源配置、提高资源利用效率、推动绿色发展和资源可持续利用尤为迫切。

2. 市场竞争挑战

在国内外农产品市场深度融合的背景下，曲靖农业规模化、集约化、标准化以及农业机械化程度偏低，生产成本较高，同质化、大众化农产品竞争力不强；加之产品策划、包装、宣传、推介等层次不高，市场营销模式相对落后，品牌效应不明显，适应市场需求新产品、新工艺、新业态、新模式创新能力不足，市场竞争压力大。

3. 农民持续增收挑战

曲靖是农业大市，贫困面大，传统种养业是当前农民经营性收入的主要来源，增收渠道单一。传统农业生产要素成本增高，价格“天花板”效应突出，以粮食作物为主的传统农业比较效益持续走低，农民从事农业生产持续增收空间受限，推进脱贫攻坚与乡村振兴有效衔接任务艰巨。

第四章

曲靖市特色种植业发展概况

围绕曲靖高原特色农业“十四五”发展目标，重点对优质马铃薯、绿色蔬菜、优品水果、道地药材、新兴花卉、特色魔芋和优势蚕桑七个种植业重点产业从发展方向、发展目标和发展布局进行规划。重点针对农业主要矛盾由总量不足转为结构性矛盾，准确把握市场需求，彰显资源优势，加快高效经济作物适度规模化和产业化，深化种植业结构调整，破解传统种植业粗放低效、大而不强、多而不优瓶颈制约，推进大宗产品优质化、小众农产品适度规模化、特色农产品高端精品化，建设云南重要经济作物生产基地、西南重要的种业基地，打造成云南深化种植业结构调整的典范。

第一节 优质马铃薯产业

曲靖市马铃薯种植区年均气温 11～14℃，7 月平均气温 19～23℃，1 月平均气温 3～7℃，年降水量 900～1 200 毫米，年温差小、日温差大，冬春干旱、夏秋湿润，最有利于马铃薯块茎的生育膨大和干物质积累，是优质马铃薯生产的最适宜区。曲靖马铃薯以高原生态区、山地生态区和河谷生态区交错种植为主要特征，具有周年生产、品质优良、商品性好的特色优势，销往全国各地，出口南亚和东南亚，是西南马铃薯的核心产区，是全国最具优势的种薯基地。

一、产业发展概况

目前，全世界种植马铃薯的国家和地区已达 150 多个，播种面积 3 亿多亩，总产量 3 亿～3.5 亿吨，主要集中分布在中国西部、印度东北部、东欧、美国和南美安第斯山区。中国、印度、俄罗斯、乌克兰 4 个国家的种植面积占到全世界的 50%以上。马铃薯在中国种植区域广，中国既是马铃薯生产大国也是种薯需求大国。1961 年，我国的马铃薯产量仅占世界马铃薯总产量的 4.77%，1990 年之后，随着马铃薯生产技术的提高，我国马铃薯的种植面积和产量得到快速提升。从我国马铃薯生产在世界范围内的地位看，1993 年我国马铃薯产量成功超越俄罗斯，成为世界第一大马铃薯生产国，并保持至今；2015 年我国正式确定马铃薯主粮化战略。目前，我国马铃薯产业已进入从数量扩张向稳定规模、提升质量的繁荣发展阶段，总种植面积与产量均居全球第一，但是我国马铃薯单产水平远远低于发达国家超过 3 吨的单产水平。我国马铃薯生产主产区域沿着黑龙江—云南的狭长斜线横贯全国南北，生产具有稳定的区域变化特征，西部省（区）的马铃薯产量均呈显著上升趋势，中部和东部省（市、区）对全国马铃薯总产量的贡献地位在逐步下降。受薯市连续低迷，以及连作重茬造成土传病害严重适种土地逐渐减少，同时国家引导土地轮作和区域性限制种植面积的影响，近几年马铃薯种植面积在一定程度上有所缩减。秋薯生产也逐渐形成“非优势产区萎缩、优势产区基本稳定”的格局。

当前我国马铃薯加工发展不足，明显制约马铃薯产业提质增效。一方面，我国马铃薯加工量远远低于发达国家加工比例。另一方面，我国马铃薯淀粉加工原料薯主要以商品薯中的小薯、残次薯和畸形薯为主，加工专用品种推广不足，生产原料淀粉含量偏低，导致出产的马铃薯淀粉品质较国外差距较大。经过几年的快速发展，云南省现已成为中国冬早马铃薯的最大产区，冬早马铃薯种植面积已达 300 多万亩，外销量稳步扩大，“云薯”在全国市场的影响力越来越大，超过 80%外销到全国 27 个省（市、区）。据 2021 年《云南农业年鉴》数据显示，2020 年，云南省马铃薯（鲜薯）播种面积 726.1 万亩，亩产量 1 183.8 千克，总产量 859.5 万吨。云南马铃薯产业在快速发展的同时也存在平均亩产低、脱毒种薯使用率低、产业化程度低、品牌化程度低、机械化程度低以及生产方式和技术手段落后、产销组织模式落后等问题。

曲靖市 9 个县（市、区）均有马铃薯种植，常年种植面积 260 万亩左右，总产量 450 万吨左右，面积、产量均占全省的 1/3。宣威市和会泽县被认定国家区域性马铃薯良种繁育基地，会泽县被列为云南省马铃薯种苗快繁、脱毒种薯生产和优质商品生产基地县，“宣威土豆”被认定为地理标志证明商标，“会泽大洋芋”被认定为地理标志产品，会泽广汇“GH”牌马铃薯、宣威云淀淀粉分别获得 2018、2019 年云南“十大名菜”称号，宣威市宝山镇安益村（紫云宝马铃薯）被农业农村部评为“一村一品”示范村镇。

二、发展方向

立足云南、服务西南、辐射南亚—东南亚，致力于打造中国马铃薯农工贸一体化示范区，以会泽县、宣威市国家马铃薯区域性良繁基地县为依托，突出种薯扩繁、绿色种植、精深加工、品牌营销，推进“研发+种植+加工+流通”的全产业链发展，努力创建西南最大、全国最优的马铃薯产业基地。争创省级以上“现代农业产业园”1个。

到2025年，引育结合，推广优质、高产、抗病新品种10个以上，建立优势商品薯基地320万亩，鲜薯总产550万吨，商品率达50%，加工率达15%；以宣威和会泽两大主产县为核心，建立优质马铃薯种薯生产基地50万亩，其中宣威市30万亩、会泽县20万亩，年产马铃薯优质种薯100万吨，优质脱毒种薯普及率达80%，种薯合格率达90%以上；以陆良县为重点发展秋冬和早春马铃薯生产基地35万亩；培育马铃薯加工龙头企业和种业龙头企业10家，初步构建起精淀粉、全粉、变性淀粉、休闲食品等系列产品集群的马铃薯精深加工体系，年加工量80万吨以上，加工率达15%以上；实现年生产马铃薯脱毒原种1亿粒，种植原种2万亩，生产马铃薯原种4万吨，建立一级种基地40万亩，生产优质脱毒种薯80万吨；培育农业新型经营主体200个（其中：市级以上龙头企业30个），“一村一品”专业村300个，带动1.8万户贫困户实现增收。形成脱毒种薯、主食薯、商品薯、加工薯多元化、宽领域、全方位的产业格局，薯业总产值达70亿元以上。

三、产业特点和比较优势

1. 产业特点

马铃薯是世界第四大粮食作物，在保障粮食安全、帮助农民脱贫致富等方面发挥了巨大作用。作为我国继小麦、水稻和玉米之后的第4大主粮作物，近年来，中国马铃薯以独特的生态、效益、营养和政策优势供给实现快速增长，现年播种面积约占世界的1/4，我国作为世界第1出产大国和消费大国，产业发展空间巨大。与蔬菜相比，马铃薯具有价格较低、销量稳定、耐储藏及烹饪方式多样等特点。同时，薯条、薯片又是快餐业最大的主食制品，现在马铃薯生产正在从关注种植产量转变为关注品质（薯形、薯色、口感），产业转型升级正在加速进行，马铃薯丰富的营养价值正被越来越多的人接受，我国市场消费结构升级将拉动马铃薯中高端加工制品消费，成为新经济增长点。随着产业迅速发展，目前我国能够进入商超的马铃薯品种越来越多，加工薯的需求在快速增加，整体的消费方向在转变，整体布局也更加合理化。未来，我国鲜食薯的比例会逐渐有所缩减，随之会有很大一部分产能将向加工薯转变；种植公司和种植户只有越来越专业，注重品质提升才能站稳脚跟，持续发展。马铃薯产业是云南高原特色农业和"绿色食品牌"战略的重要组成部分，是高原粮仓建设的重要抓手，是云南农业走向国际的又一支点。云南是全国马铃薯生产大省，种植面积仅次于玉米和水稻，在全省 16 个州（市）均有种植，在滇东北、滇西北等高寒山区、二半山区，马铃薯一直是老百姓最重要的口粮及饲料，也是这些地方老百姓增收、脱贫、奔小康的重要产业依靠。

2. 比较优势

曲靖市属亚热带高原季风气候，年平均气温 14.5℃，年平均降水量在 1 000 毫米以上。夏无酷暑，冬少严寒，四季如春。境内平均海拔 2 000 米，海拔相对高差达 3 322.3 米，是云南省种植马铃薯自然条件最优越的地区，也是全省马铃薯主产区。海拔高度差异巨大和生态垂直变化的立体农业特点，不但为马铃薯作物多熟制种植提供了有利的自然条件，同时也助力了马铃薯产业的蓬勃发展（表 4-1 和表 4-2）。

表 4-1　曲靖与国内马铃薯主产区气候条件比较

产区	气候类型	生育期平均气温/℃	生育期平均降水量/毫米	区域范围
云南曲靖	亚热带高原季风气候	14.5	1 000	曲靖全域
东北及坝上区	温带季风气候和温带大陆性气候	18.15	391	黑龙江、吉林、内蒙古包头和鄂尔多斯以东、辽宁锦州以东、河北张家口、山西大同和朔州
西北区	温带大陆性气候	17.28	195	甘肃、宁夏、新疆、内蒙古巴彦淖尔以西、陕西榆林
华北及黄土高原区	温带季风气候	16.06	350	北京、天津、河北、山东、河南、山西朔州以南、陕西延安以南、辽宁锦州以西、安徽六安以北、江苏镇江以北、湖北襄阳和随州
长江中下游区	亚热带季风气候	18.89	857	浙江、安徽和江苏南部、湖南怀化和邵阳以东、江西赣州以北、湖北荆州、武汉、黄石和潜江

（续表）

产区	气候类型	生育期平均气温/℃	生育期平均降水量/毫米	区域范围
华南区	亚热带季风气候和热带季风气候	18.84	591	福建、广东、广西、海南、云南普洱和西双版纳、江西赣州、湖南永州
西南区	亚热带季风气候	17.2	1 117	贵州、重庆、云南中部和东部、四川盆地、湖南湘西和张家界、湖北恩施、宜昌和十堰
横断山区	高原高山气候	13.9	916	怒江、阿坝和甘孜东部、凉山和丽江西部
青藏区	高原高山气候	13.01	300	青海、西藏、四川甘孜藏族自治州

表 4-2　曲靖与国内马铃薯主产区生产条件、特点及障碍因子比较

产区	生产条件	特点与优势	生育期	主要障碍因子	主要发展品类
云南曲靖	云南省马铃薯种植的重要春作区，一年内可进行大春、晚秋、冬早马铃薯种植	云南省马铃薯重点产区，重要的种薯、商品薯供给基地，冬季种植反季节优势突出。马铃薯淀粉含量与中国西北地区马铃薯相当；蛋白质含量达 2.5%~2.6%，为全国各产区最高	全年水温条件均适宜种植马铃薯	种薯供应不足、单产产量较低、机械化水平落后、流通渠道不畅、缺乏加工专用品种、加工滞后	主要发展大春马铃薯加工型原料、秋冬马铃薯菜用型外销，全年均有鲜马铃薯供应
东北及坝上区	土地资源丰富，土壤肥沃，氮、钾和有机质含量丰富，规模化、机械化水平较高	种植基础良好，以露地种植为主，地膜覆盖种植模式的应用范围逐渐扩大，基本形成现代化马铃薯农机作业生产方式。规模化生产、脱毒种薯繁育、肥料施用等高产高效栽培技术水平较高	5 月上旬至 9 月下旬	育种难度大、病虫害防控能力较弱、水肥和农药使用不当	主要发展种薯、淀粉薯和鲜薯，以中熟或早中熟品种为主
西北区	光热资源较丰富，但水资源短缺，植被覆盖较低，生态环境脆弱，土壤肥力相对较低，钾含量较高	卖相较好，淀粉含量高，且耐贮运。区域内建立了良种繁育体系，处于领先全国的水平。近年来，马铃薯生产加工体系初具规模，培育了高淀粉含量品种，适用于马铃薯加工	4 月下旬至 10 月上旬	种植标准化水平较低，农田基础设施薄弱，加工型品种少，精深加工技术欠缺	主要发展淀粉薯、种薯和鲜薯，以中熟和早中熟品种为主

（续表）

产区	生产条件	特点与优势	生育期	主要障碍因子	主要发展品类
华北及黄土高原区	土壤氮、磷有机质较丰富，钾含量整体较低，西部黄土高原植被覆盖率较低，土壤侵蚀严重，土壤肥力较低	种植模式多样，主要采用露地栽培、地膜覆盖等栽培模式，管理水平较高	3月下旬至6月上旬、8月下旬或9月上旬至11月上旬	发展水平区域差异较大，山区机械化水平低，河北和陕西等地品种结构单一、自然灾害和病虫害较严重，河南的加工业发展滞后	主要发展鲜食、加工和种用薯，以早熟高产品种为主
长江中下游区	广泛分布着水稻土和红壤，土壤的氮、钾和有机质含量丰富	冬闲田资源丰富，湖南和江西等地冬季马铃薯的种植规模逐渐扩大，栽培模式以地膜覆盖栽培为主	2月下旬至6月上旬，9月下旬至12月上旬	以小农户种植为主，规模小，机械化水平低。长期依赖从北方调运的种薯，品种结构单一，种薯质量良莠不齐	主要发展鲜食、菜用和加工用薯，以早熟品种为主
华南区	土壤类型赤红壤、红壤和水稻土为主，土壤含有丰富的氮和有机质，钾含量处于中等水平	两广地区主要发展冬作马铃薯，建立了冬作马铃薯高产高效优质栽培技术，近年来广西还开始种植春种、秋种马铃薯，从冬季种植为主向周年种植转变	10月下旬至翌年5月上旬	品种单一、种薯质量良莠不齐、生产成本不断增加、加工业发展滞后	主要发展鲜食和菜用薯，以抗病、高产早熟和早中熟品种为主
西南区	土壤类型以红壤、黄壤为主，四川盆地还分布着紫色土，除四川盆地，土壤氮和有机质含量丰富，钾含量整体较低，南部云贵高原可达到中等水平。云贵高原地形复杂，海拔高度差较大，导致了气候的垂直地带性特征。黔西北、滇东、川南及横断山南段山地、川西南高原和整个滇北高原的气候垂直地带性均极显著	发展春种、秋种和冬种马铃薯，种植模式多种多样，栽培技术的集成度提高，典型的种植模式有地膜覆盖栽培、稻草覆盖免耕栽培和水肥一体化技术等。部分地区建立了良种繁育体系，脱毒种薯的应用率不断提高，马铃薯增产效果显著	云南大部分地区全年水温条件均适宜种植马铃薯。其他地区1月气温低，一般不适宜种植；区内湘、渝、鄂和四川成都以东地区7、8月气温高，不适宜种植	品种结构单一，缺乏加工专用型品种；连作导致病虫害逐年加重；机械化水平低	主要发展鲜食、加工和种用薯，以抗逆性较好的早熟、早中熟和中晚熟品种为主

（续表）

产区	生产条件	特点与优势	生育期	主要障碍因子	主要发展品类
横断山区	土壤类型以黑毡土、草毡土和暗棕壤为主，土壤氮磷钾和有机质含量较高	多山地，气候冷凉，马铃薯生育期较长，广泛分布着马铃薯供给区	4月下旬至10月上旬	主要病害和自然灾害与西南区相似	主要发展鲜食、加工和种用薯，以晚熟品种为主
青藏区	以高原和盆地为主，东部的土壤类型以寒冻土和草毡土为主，西部的藏北高原则分布着寒钙土，该区域土壤钾含量较高，东南部地区氮、磷、钾和有机质都较为丰富	已发展成为带动农村经济发展和农民增收的重要产业	6月上旬至9月上旬	部分地区形成了小规模的产业链，但是产业链的推动力弱，发展速度缓慢。一些种植户依然采用传统的种植方式，高产高效栽培技术研究少，且推广难度大	主要发展鲜食、加工和种用薯，以早熟或早中熟高产品种为主。

四、产业布局

以宣威、会泽为核心的春夏马铃薯优势区和以陆良为核心的秋冬马铃薯优势区，带动全市优质马铃薯产业发展。其中，以宣威、会泽两个国家马铃薯区域性良种繁基地县为中心，建设加工型马铃薯基地和良种繁育基地，以陆良、师宗、沾益、马龙为重点建设优势商品薯基地。优化春作、夏播、晚秋、冬种四季马铃薯周年生产技术模式，强化会泽县的大桥、五星、驾车、火红，宣威市的东山、龙场、宝山、板桥、热水，陆良县的小百户、马街、召夸、大莫古、活水、龙海等，师宗县的雄壁，罗平县的马街、阿岗，马龙区的月望，沾益区的炎方、大坡、菱角等乡（镇）为重点的优质生产基地（表4-3）。

曲靖据已形成的冬马铃薯优势区，按“以市场为导向，打好季节牌”的原则，不断加快调整马铃薯种植结构，加强基础设施建设和高产创建示范力度，进一步地完善和加强种薯质量监测体系的建设，加大优质、高产、抗病的马铃薯新品种的研发力度，加大马铃薯新品种、新技术的推广投入，加快培育龙头企业、专业合作组织、家庭农场和种植大户等新型马铃薯产业经营主体，加强创立品牌，扶持有规模、有实力的加工企业向精深加工转化，构建完善的新型经营体系，加快马铃薯产业化发展进程。

表 4-3 曲靖市优质马铃薯四季马铃薯周年生产区域布局

栽培季节	春作/万亩	夏播/万亩	晚秋/万亩	冬种/万亩
区域布局	会泽县的大桥、五星、驾车、火红；宣威市的东山、龙场、宝山、板桥、热水；沾益区的炎方、大坡、菱角；马龙区的月望；陆良县的活水、龙海，师宗县的雄壁；罗平县的马街、阿岗；富源的中安、后所、墨红等乡（镇）	会泽县的大桥、驾车、火红；宣威市的东山等海拔 2 200 米以上的冷凉山区乡（镇）	陆良县的小百户、芳华、马街、召夸、大莫古及全市同类型温热乡（镇）	陆良县的小百户、芳华、马街、召夸、大莫古等膜下滴管栽培及师宗县的五龙、龙庆、高良；罗平县的八大河；富源黄泥河、古敢等热区乡（镇）
规模	200	20	50	50

第二节 绿色蔬菜产业

蔬菜是云南特色农业发展的支柱产业，曲靖地处北回归线附近的低纬高原区，是国内典型的“南方天然凉棚”，冬无严寒，夏无酷暑，冬暖夏凉，干湿分明，夏秋蔬菜生产条件得天独厚，是温凉类蔬菜生产最适宜区；土壤清洁，环境优良，水源丰沛，为优质安全蔬菜生产提供了优越的生态环境，是蔬菜绿色生态发展的优势区。

一、产业发展现状

据曲靖市 2020 年《国民经济与社会发展统计公报》统计数据，2020 年曲靖蔬菜及食用菌种植面积 270 万亩，产量 341.16 万吨。种类多样，有叶菜类、根茎类、瓜类、豆类、茄果类、葱蒜类、水生蔬菜、食用菌等，形成以麒麟区、陆良县、沾益区等坝区叶类蔬菜周年生产基地，以师宗县、罗平县、会泽县低热河谷喜温蔬菜生产基地，麒麟、陆良、师宗、罗平、富源、会泽、宣威 7 个县（市、区）被列为全国蔬菜产业重点县，陆良县（蔬菜产业）被列为云南省“一县一业”示范县，绿色生态优质蔬菜成为农业外向型发展的重要引擎。但曲靖蔬菜存在规模化程度偏低，产业链不完善等制约因素。

曲靖蔬菜常年种植80万亩左右（不含复种），产量150万吨左右，种植面积和产量居全省前列，蔬菜种类多样，有叶菜类、根茎类、瓜类、豆类、茄果类、葱蒜类、水生蔬菜、食用菌等，形成了以麒麟区、陆良县、沾益区等坝区叶类蔬菜周年生产基地，以师宗县、罗平县、会泽县低热河谷喜温蔬菜生产基地，麒麟、陆良、师宗、罗平、富源、会泽、宣威7个县（市、区）被列为全国蔬菜产业重点县，陆良县（蔬菜产业）被列为云南省“一县一业”示范县。曲靖绿色生态优质蔬菜成为了农业外向型发展的重要引擎，蔬菜常年出口额6.5亿美元、占全市农产品出口额的90%以上。曲靖蔬菜以农户分散种植，规模化种植空间较大。

二、产业发展方向和目标

充分利用良好的自然环境、区域优势、产业基础，突出“时令时鲜”和“绿色生态”，以加快转变蔬菜产业发展方式为主线，以蔬菜产业提质增效为主攻方向，推进蔬菜标准化生产、规模化种植，完善冷链物流体系，紧扣时令露地蔬菜外销，大力发展名特优新品种、高档精细菜，以绿色生态优质叶菜类蔬菜扩大粤港澳大湾区市场份额，以绿色生态优质瓜果豆类蔬菜扩大西南周边市场，建成全国重要的蔬菜生产基地和外销出口基地。争创国家级“现代农业产业园”1个。

到2025年，全市蔬菜规模化种植面积达300万亩（不含复种），总产量突破620万吨，总产值达到180亿元，其中，外销量500万吨，外销产值150亿元，商品化处理率80%以上；出口50万吨，创汇10亿美元。累计培育市级以上龙头企业70个，“一村一品”专业村350个，绿色食品和有机产品认证达170个以上、面积90万亩，蔬菜出口备案基地达10万亩。

三、产业发展特点和比较优势

云南是全国重点发展的蔬菜优势区和生产大省，是全国重要的“南菜北运”和“西菜东运”生产基地和外销出口基地，每年近70%云南蔬菜产品销往全国150多个大中城市和30多个国家和地区。曲靖是“云菜”规模最大的产区，常年蔬菜种植面积和产量约占全省的1/5。从对环境的适应性来划分，可以把蔬菜分为喜冷凉蔬菜和喜温蔬菜，冷凉蔬菜包括叶菜类、根茎类、葱蒜类等；喜温蔬菜包括茄果类、豆类、瓜类等蔬菜。云南特殊的地理环境造就多样的气候类型，满足不同类型的蔬菜生长，从而形成了3类独具特色的蔬菜生产气候类型，即冬早蔬菜、夏秋错峰、和绿叶蔬菜周年生产。其中叶菜类、根菜类、葱蒜类等蔬菜最适宜生长温度在15～25℃，5℃停止生长，以砂壤土、壤土为宜，有机质含量高于2.0%，一般要求耕作层土壤厚度30厘米，土壤pH值5.5～7.0，土壤水分85%左右，空气相对湿度80%～90%，年日照不低于1 825小时。

曲靖市平均年均温14.3℃，各县（市、区）年日照数在1 552～2 234小时，主要土类有红壤、紫色土、棕壤、水稻土等，满足叶菜类、根菜类、葱蒜类、茄果类等蔬菜生长所需积温、日照时长及土壤需求。与同气候类型的蔬菜产区贵州相比，曲靖市主要优势体现在绿色蔬菜周年生产模式上，贵州省内大部分地区年日照数（1 200～1 600小时）比曲靖少400～700小时，曲靖生产的蔬菜品质更优；与省内绿叶蔬菜周年生产的通海县、元谋、嵩明县、晋宁区等老菜区相比，曲靖作为蔬菜新区，土地资源丰富，土壤肥力、土壤有害微生物、农残、灌溉水等影响蔬菜生长的环境指标均优于以上老菜区，蔬菜品质有保障（表4-4和表4-5）。

表4-4　曲靖与省内蔬菜主产区及山东寿光气候条件比较

产区	纬度	复种指数/茬	年均温/℃	降水量/毫米	无霜期/天	年日照/（小时/年）	昼夜温差	极端温度/℃
云南陆良	24°44′～25°18′	3	14.7	900～1 000	249	1 995	大	2.2～27.3
云南泸西	24°15′～24°46′	3.5	15.5	950	273	2 100	大	34
云南通海	23°55～24°14′	3.5	16.2	903.7	270	2 034.9	大	3～34
云南元谋	25°23～26°06′	2	21.9	613.8	330	2 670.4	大	3～42
山东寿光	36°41′～37°19′	2.5	12.7	593.8	202	2 548.8	小	-22～32

表4-5　曲靖与省内蔬菜主产区及山东寿光产业特点与优势分析

产区	主要种类	生产季节	种植模式	销售地区	特点与优势	主要障碍因素
云南陆良	叶菜、根茎类	周年生产	露地、设施	两广、港澳、川渝	技术成熟，规模化生产，成本较低，经营主体活跃，销售渠道稳定	基础较薄弱，规范性有待提高，采后加工能力不足，出口外销渠道少，品牌不响
云南泸西	以葱类为主	周年生产	露地	两广、港澳等	品种富有特色，主导产品突出；市场联结机制较为完善；政府服务意识与支撑体系较好	坝区连任障碍，山区农地分散；品种开发力度不足；加工冷链游牧有待提高

（续表）

产区	主要种类	生产季节	种植模式	销售地区	特点与优势	主要障碍因素
云南通海	叶菜	周年生产	露地	东南沿海、川渝、东南亚	技术成熟，体系完善，出口渠道多	连作障碍，土地资源紧缺，需基地外移
云南元谋	茄瓜类	秋冬季节	露地	全国	技术成熟，销售渠道稳定	种类单一，蔬菜供应集中，连作障碍
山东寿光	瓜果类	秋冬季节	设施	北部省（市）	管理精细，技术成熟，体系完整，品牌效应强	成本高，连作障碍

四、产业布局和发展建议

以陆良蔬菜“一县一业”示范县创建为引领，重点打造会泽—宣威和沾益—麒麟—陆良—师宗 2 条蔬菜产业带，以会泽乐业、迤车、者海，宣威热水、板桥，马龙马鸣、旧县等为重点发展山地生态蔬菜产业；以陆良板桥、马街，麒麟茨营、越州，沾益盘江、花山，师宗葵山、彩云等为重点发展坝区设施蔬菜产业，辐射带动全市大力发展绿色生态蔬菜，加快建设面向南亚、东南亚和全国一流的叶菜类蔬菜和时令蔬菜绿色生产基地（表 4–6）。

表 4–6　绿色蔬菜产业发展方向及重点区域布局

节令类型	主攻方向	主推种类	目标市场	重点区域
常年蔬菜	主要发挥其自然、市场、技术、经济等综合优势，加强设施投入建设，周年种植	大白菜、花椰菜、青花菜、萝卜、结球甘蓝、上海青、结球生菜、莴苣、芥兰、菜心、菠菜、芹菜、空心菜等蔬菜	上海、广州、深圳、香港、澳门等沿海大中城市和北方大中城市以及泰国、越南、马来西亚等亚洲国家夏秋淡季市场	陆良、麒麟、沾益和宣威平坝区
夏秋蔬菜	利用当地高海拔地区夏秋季节气候冷凉的优势发展夏秋商品蔬菜	大白菜、花椰菜、青花菜、萝卜、结球甘蓝、干椒、食用菌生产为主	上海、广州、深圳、香港、澳门等沿海大中城市和北方大中城市以及泰国、越南、马来西亚等亚洲国家夏秋淡季市场	各县（市、区）冷凉山区和半山区
冬春蔬菜	继续突出天然温室热量充足，生产成本低的优势，发展冬春蔬菜	以番茄、甜椒、辣椒、茄子、洋葱、瓜类、豆类、鲜食玉米等为主	北方大中城市和日、韩、俄等国冬春淡季市场供应	罗平、师宗、会泽、富源、沾益低热河谷地带

以曲靖蔬菜主产区陆良为例，降水量高于全省蔬菜主产县通海、元谋及省外全国蔬菜主产区寿光，气温波动不大，无霜期、年日照适中，极端气候极少，是发展叶菜类蔬菜的最佳适宜区；环境清洁，昼夜温差大，干物质积累高，蔬菜品质佳、口感好；较之于果菜类、根茎类蔬菜，叶菜类生长周期短、生产效率高。

统合分析，全市适种地域广。建议通过布局冷温热兼顾的山地、露地和温室生产基地，搭配河谷槽区、半山区、山区不同生态区的播期差、时间差、空间差，以叶菜类为主，发展常年菜、季节菜、反季菜，种类多样化，实现品种调剂、淡旺互补、周年生产、均衡上市。

第三节　优质水果产业

曲靖具有与云南其他地方一样具有充足的阳光、充沛的热量、清新的空气、无污染的水源、肥沃多样的土壤、昼夜温差大、有效积温高等优质水果生态条件优势，造就了丰富多样的水果种质资源和产品类型。此外，曲靖市无霜期长、早春升温快、秋季气温回落慢，早熟水果提早于国内同类产区上市，晚熟品种较国内同类产区推迟上市，错峰销售效益佳。

一、产业发展现状

据《云南农业年鉴 2021》数据显示，2020 年，曲靖市种植水果 63.5 万亩，产量 73.4 万吨，产值 33.9 亿元，早熟苹果、夏季草莓、软籽石榴、热区水果初具规模，以山地蓝莓、树莓为代表的第三代优特浆果类水果发展迅速，水果产业由第一、第二代传统大路水果加速向第三代高端优质水果转型端倪初现，“马龙苹果”“会泽宝珠梨”“盐水石榴”被认定为地理标志产品，“佳沃牌”山地蓝莓被评为云南省“十大名品”，麒麟珠街中所村（红美珠葡萄）、会泽待补（夏季草莓）被农业农村部评为“一村一品”示范村镇。但曲靖水果仍以传统果品为主，产业聚集度不高，种植管理方式粗放，地方品种退化。依托资源优势，培育引进新型经营主体，标准化、精细化、规模化发展优质水果，推进错峰上市潜力巨大、前景广阔。

曲靖发展规模化水果种植 27 万亩左右，主要以苹果、梨、桃等传统果品类为主，“马龙苹果”“会泽宝珠梨”“盐水石榴”被认定为地理标志产品，“佳沃牌”山地蓝莓被评为云南省“十大名品”，麒麟珠街中所村（红美珠葡萄）、会泽待补（夏季草莓）被农业农村部评为“一村一品”示范村镇。近年来，夏季草莓、软籽石榴、早熟苹果、热区水果初具规模，以露地蓝莓、树莓为代表的第三代优特浆果类水果发展迅速，水果产业由第一、二代传统大路水果加速向第三代高端优质水果转型端倪初现。但曲靖水果仍然以传统果品为主，种植管理方式粗放，地方品种退化明显，依托资源优势，推进错峰上市，培育引进新型经营主体，标准化、精细化、规模化发展优质水果潜力巨大、前景广阔。

二、产业发展方向和目标

依据自然资源条件，以市场需求为导向，大力发展优质苹果、露地蓝莓、软籽石榴、夏季草莓、特色黄桃及热区水果，通过区域化布局、规模化种植、精细化管理、品牌化营销，整体提升曲靖水果产业的质量和效益。力争创建省级“现代农业产业园”3 个（蓝莓、苹果、草莓）。

苹果：对标气压、温度、湿度、风向、风速、降水、地温 7 个优质苹果生产最重要的生态气象指标，云贵高原优于国内陕西渭北黄土高原区、渤海湾区和黄河故道区。与同处北回归线附近的云南苹果主产区昭通相比，曲靖还具有春季升温快、秋季气温回落慢的优质苹果发展优势，是云贵高原最适宜发展苹果的区域，尤其马龙地貌缓坡丘陵，同类品种成熟期较昭通提前半个月左右。马龙、宣威、会泽同类型生态区宜大力发展早熟优质苹果，示范带动传统水果提质增效。

蓝莓：蓝莓作为曲靖的新兴产业，经过多年实践，曲靖生产的露地蓝莓果形大、糖度高、硬度好、品质优，具有 4 月初成熟上市，弥补全球蓝莓供应空档期的特殊优势，是中国南高丛蓝莓发展的最佳适宜区，麒麟、马龙、师宗等加快发展露地高端蓝莓，全市正加快打造“中国蓝莓之都”，以露地蓝莓等第三代高端水果引领水果产业转型升级。

热区水果：曲靖南盘江、金沙江、小江等流域河谷槽区，风速小、光照足、积温高、昼夜温差大、病害率低，发展绿色生态优质热区果品比较优势明显。师宗、罗平、会泽适宜区发展柑橘、软籽石榴等类别热区水果，以错峰发展、提早延时，抢占热区水果市场制高点。

到 2025 年，全市水果规模化种植面积有望达 128 万亩，水果产量将达 150 万吨，总产值将达 60 亿元，累计培育市级以上龙头企业 20 个，“一村一品”专业村 100 个，绿色食品和有机产品认证达 50 个、面积 15 万亩以上，建成云南最大的温带优品水果生产基地，形成以露地蓝莓等高端精品水果为引领，以优质早熟苹果等大宗果品为支撑，以柠檬等热区水果为补充，以黄桃、夏季草莓区域特色水果为调剂的四季飘香、多元发展的水果产业格局。

三、产业发展特点和比较优势

1. 产业发展特点

水果作为周期长、前期投资大、调头慢的产业，须扬长避短，调整果种布局和熟期比例，使果树适地适树适销，做到市场淡季不淡，旺季不烂，从而实现早果、丰产、优质、低耗和高效的目标。水果是云南省特色和效益最为突出的经济作物，已初步形成滇东北、滇西北以苹果为主，滇南栽种柑橘和葡萄，滇西德宏的柠檬，滇中则以梨、桃等优势水果为主的格局。随着国家“一带一路”建设的推进，云果的市场认可度不断升温，苹果、桃、梨等温带水果出口额持续增长，位居全省农产品单项出口金额第 1 位，位居全国之首。

（1）苹果

苹果是世界上最主要的温带水果之一。据华经产业研究院整理，2020 年全球苹果种植面积为 6 994. 75 万亩，产量 8 973. 8 万吨。2020 年中国苹果种植面积为 2 990. 25 万亩，产量为 4 406. 61 万吨，均居世界第 1 位。其中，种植面积前三名的省份为陕西、甘肃和山东，分别为 930. 3 万亩、372. 9 万亩和 369. 75 万亩。产量前三名的省份为陕西、山东和山西，分别为 1 185. 21 万吨、953. 63 万吨和 436. 63 万吨。据 2020 年《云南省水果产业发展报告》显示，2020 年云南省苹果种植面积 131 万亩，产量达 113. 4 万吨，优质果率 75%以上。

（2）蓝莓

蓝莓是一种新兴的世界性小浆果，含有花青苷、熊果甙、黄酮类等多种具有抗氧化生理活性成分的物质，其抗氧化活性在 40 多种水果和蔬菜中最高，具有促进视红素再合成、抗炎症、提高免疫力、抗心血管疾病、抗衰老抗癌等多种生理保健功能，联合国粮农组织将蓝莓列为“人类五大健康食品之一”，世界卫生组织也将蓝莓列为“最佳营养价值水果”。受蓝莓市场火爆的影响，我国蓝莓栽培面积逐年上升，且增速较快。我国种植蓝莓的省市有 27 个，北至黑龙江，南到海南岛，西到青藏高原均有种植。据观研报告网发布的《中国蓝莓行业发展现状分析与未来前景调研报告（2022—

2029年）》显示，2020年中国蓝莓种植面积99.6万亩，产量28.5万吨。据2020年度《云南省水果产业发展报告》数据显示，2020年，云南蓝莓种植面积9.86万亩，总产量3.285万吨，种植面积及产量均排全国第6位。曲靖市蓝莓种植面积和产量均位居全省之首，面积约占全省的50%，产量约占53%。

（3）热区水果

热带、亚热带水果种类繁多，品质优良，深受人们喜爱。我国热带面积有限，仅限于海南、广东、广西、福建和云南、四川的部分地区。柑橘是热带、亚热带地区最重要的水果之一，主要集中于亚洲，其种植面积占世界柑橘种植总面积的52.90%。中国柑橘面积和产量全球最大，据共研网《2022—2028年中国柑橘市场深度调查与市场需求预测报告》显示，2020年，我国柑橘种植面积5 121.87万吨、产量4 244.7万亩。其中，四川、湖南、湖北、广西等是中国柑橘的主产区。云南有近20%的热区面积，据2020年度《云南省水果产业发展报告》数据显示，2020年，全省柑橘面积184.1万亩，产量194万吨，柑橘主要分布在红河、玉溪、大理、保山及金沙江、南盘江等低热河谷地区。云南省是全国特色柑橘生产基地及特早、极晚熟柑橘优势生产区域，可实现周年供应。

（4）四季草莓

我国草莓是世界草莓生产和消费的第一大国。我国栽培的草莓主要为一季型冬季草莓，又叫短日照草莓，采收时间主要集中在12月至翌年5月，6—11月为草莓市场空缺期。四季草莓也叫日中性草莓，该类型草莓对光周期不敏感，在4~29℃温度条件下可持续开花结果，在温凉地区可实现夏秋鲜果生产，刚好填补冬季草莓在6—11月的市场空缺，具有独特的市场优势，受到市场和种植者的重视。据2020年度《云南省水果产业发展报告》数据，2020年，云南草莓种植面积11.26万亩、产量20.52万吨。其中夏季草莓6.21万亩。凭借高海拔地区气候冷凉的特点，云南也成为全国最大夏季草莓种植区，占全国夏季草莓的70%以上。

（5）黄桃

黄桃又称黄肉桃，属于蔷薇科桃属，因肉为黄色而得名。黄桃的营养十分丰富，含有丰富的抗氧化剂。在我国，黄桃的主要生产省份为山东、河北、河南、湖北，以上4个省份黄桃种植面积和产量分别约占全国的42%和50%。近年来，我国湖南、上海、福建、浙江等南方地区发展最快，如上海奉贤、浙江嘉善、湖南炎陵、麻阳，山东平邑、临沂，福建建宁等地都有上万亩的产业规模。我国黄桃产业增值领域主要集中在下游流通和加工环节，我国黄桃产业规模较大的企业主要集中在深加工领域。

2. 比较优势

（1）苹果

曲靖处于低纬高原，光照充足、热量丰富、紫外线强，年均温在12~14℃之间，有效积温高，昼夜温差大，日照时数大于2 000小时，年无霜期240天左右，年降水量大于1 000毫米，土壤pH值6.0~6.5，十分有利于苹果生长和品质的提高；冬无严寒、夏无酷暑，雨热同季，春季升温快、秋季气温回落慢，有利于苹果提早、延后上市，气候条件显著优于黄河流域苹果产区（表4-7）。其中，马龙区是云南省优质早熟苹果的主要产区，与同生态区的昭通市相比，春季升温快、秋季气温回落慢更为突出，加之空气清新、水质清洁，是生产绿色有机苹果的理想之地。马龙区生产的龙威和龙噶苹果，具有早熟、稳产、果实大、果面光滑、果肉细腻、甘甜味厚、汁多无渣，硬度适中，清香可口、色泽艳丽的优势，果实硬度≥4（千克/厘米^2），可溶性固形物含量≥15.0%，总含糖量≥13.0%，钾≥0.4%、钙≥35%（毫克/千克）、铁≥3%（毫克/千克）、锌≥0.2%（毫克/千克）、总氨基酸量≥0.85%，营养丰富，品质上乘。

表4-7　曲靖与国内苹果主产区气候条件比较

地点	纬度	pH值	年均温/℃	无霜期/天	≥10℃年均有效积温/℃	有效生育期/月	年降水量/毫米	日照时数/小时
最适生长条件	32°~43°	6.4~7.0	9~14	180~245	3 000以上	6	560~750	2 200以上
贵州威宁	26°36′~27°26′	5.3~6.7	11.2	200	2 300	6	926	1 812
昭通昭阳	27°22′~27.52″	5.8~6.8	12.6	221	3 217	6	760	1 900
山东烟台	36°16′~38°23′	5.5~9.0	11.8	215	5 000	6	524.9	2 658
陕西洛川	35°26′~36°04′	6.4~8.5	9.2	180	3 046	6	622	2 514
云南会泽	25°48′~27°04′	5.3~7.0	12.7	225	4 040	6.5	817.7	2 100
曲靖马龙	25°08′~25°37′	5.7~7.0	13.4	241	3 922.9	6.5	1 032	1 985

（2）蓝莓

长日照条件有利于蓝莓的营养生长，而花芽分化需要在短日照条件下进行。为了达到正常的开花和结果，蓝莓一般需要800~1 200小时7.2℃以下的低温休眠，但又不能过低以免造成冻害。曲靖有适宜蓝莓生长的最适宜气候条件，能满足蓝莓全生育期生长的要求，特别是关键的冬季低温条件在曲靖能得到完全的满足，是我国南方最适宜蓝莓种植的少数区域之一。曲靖蓝莓成熟期早，可在4月上市，较邻省贵州早25天以上，较辽宁、山东提前60天以上，具有弥补全球蓝莓供应空档期的特殊优势，是全球南高丛蓝莓三大优势产区的核心区之一。曲靖生产的蓝莓果形大、糖度高、花青素和SOD含量高、果实硬度好、品质优。

表4-8　曲靖与国内蓝莓主产区气候条件比较

产区	纬度	年均温/℃	降水量/毫米	无霜期/天	年日照/(小时/年)	土壤pH值	土壤有机质/%	极端低温/℃
长白山	40°~43°	5.5~6	600~800	110~150	2 100~2 200	4.0~5.8	2~5	-2
辽半岛	39°~41°	6~8	600~1 200	160~180	2 180~2 460	4.0~5.8	2~5	-25
胶东半岛	35°~37°	11~12	600~800	180~260	1 500~2 000	5.0~5.8	1.2~3	-16
长江流域	26°~34°	16~17	750~2 000	190~280	1 700~2 200	5.0~5.8	1.2~3	-13
西南产区	26°~34°	14.9~16.5	800~1 200	300	1 500~2 100	4.5~5.8	1.0~2.5	-12
云南玉溪		11.9~17.5	900~1 200	335	2 172.3	4.5~5.6	1.0~2.0	-3.9
曲靖麒麟	25°7′~26°6′	14.5	1 008	255	2 096	4.5~5.5	1.0~2.0	-9.2
曲靖马龙	25°08′~25°37′	13.4	1 032	241	1 985	5.7~7.0	1.0~2.5	-10

表4-9　曲靖与国内蓝莓主产区采收期、品种及障碍因子比较

产区	采收期	主要障碍因子	种植品种	代表地点
长白山	8月初至9月初	冬季严寒，防寒成本高	北高丛	通化、抚松、临江
辽东半岛	7月末至8月中	成熟期雨量过多、越冬防寒成本高	北高丛	丹东、庄河
胶东半岛	6月中至7月中	越冬防寒成本高	北高丛	青岛、烟台、威海
长江流域	5月中至8月中	土壤黏性大、雨量多、品质较差	南高丛	上海、浙江、江苏
西南产区	5月中至7月底	土壤黏性大、雨量多、霜冻、品质较差	南高丛	贵州、四川、重庆
云南玉溪	3月中至6月底	二次开花，影响次年产量，投资大	南高丛、兔眼蓝莓	澄江、江川
曲靖麒麟	4月初至7月底	以高端市场为主的山地蓝莓产业投资大；管理、技术要求高；产品单位价格高，高端消费群体有限	南高丛、兔眼蓝莓	越州、东山
曲靖马龙	5月初至8月中	以高端市场为主的山地蓝莓产业投资大；受自然灾害影响较大；管理、技术要求高；产品单位价格高，高端消费群体有限	南高丛、兔眼蓝莓	大庄

（3）热区水果

曲靖南盘江、金沙江、小江等流域河谷槽区，风速小、光照足、日照时间长、积温高、雨热同季、昼夜温差大、病害率低，是发展绿色生态优质热区水果的最佳区域，具有成熟早、品质优良、商品性高的特点，有很强的市场竞争力。通过提早或延时错峰上市，可抢占热区水果市场先机。

（4）四季草莓

云南是我国四季草莓栽培面积最大的省份，既有冬春季上市的短日照草莓品种，又有夏秋季上市的日中性草莓品种，有春季和秋季 2 个栽培茬口。生产的四季草莓口感佳、色泽鲜艳、上市早，可填补冬季草莓在 6—11 月的市场空缺，产品销往全国 30 多个主要城市，亩产值 6 万~10 万元。云南四季草莓主要分布在会泽县、寻甸县、个旧市、昭通市、楚雄州、文山州等地区，栽培方式以简易大棚地栽为主。会泽县海拔 2 200 米以上，年平均晴日 225 天，年日照时数 2 100 小时，年平均气温 12.7℃，生产的四季草莓口感佳、色泽鲜艳、上市早，从 5 月开始可采收到 11 月底，较省外其他产区长 3~4 个月，单位面积产量高 1 倍多，具有很强的市场竞争力（表 4-10）。

表 4-10　云南会泽与中国草莓主产区草莓生产比较

产区	代表性地区	类型	主栽品种类型	种苗质量	种植时间	栽培方式	上市时间	优势与生产障碍
冬季严寒区	东北、西北和内蒙古	一季	短日照	良	8 月中下旬	设施栽培	①设施：10 月至翌年 7 月上旬；②露地：5 月下旬至 6 月下旬	利用设施做延迟栽培和延长供应期
华中寒冷区	华北平原、关中地区、黄淮地区及部分云贵高原	一季为主	短日照为主	优	8 月下旬至 9 月上中旬	设施或拱棚栽培	露地加保护地：12 月至翌年 5 月下旬	夏季炎热，炭疽病发生较重
冬季温暖区	长江流域、四川盆地及部分云贵高原	一季为主	短日照为主	良	9 月上中旬	设施栽培为主、露地种植为辅	较华中产区早 20~30 天	夏季炎热，炭疽病、根腐病发生较重
华南温暖区	两广南部及海南	一季	短日照	良	9 月下旬至 10 月上旬	露地种植或者拱棚避雨栽培	12 月下旬至翌年 3 月	根腐病、根腐病、灰霜病较重

（续表）

产区	代表性地区	类型	主栽品种类型	种苗质量	种植时间	栽培方式	上市时间	优势与生产障碍
青藏高原区	青、藏、新	一季	短日照	优	8月中下旬	设施栽培	10月中下旬	设施保护条件下，草莓果实质量与单位面积产量、效益等都显著优于上述地区
云南日中性草莓产区	会泽、寻甸、个旧等	四季生产	日中性为主	良	3—4月；9—10月	露地、拱棚或设施大棚	基本上四季供应，中低海拔地区以春夏为主，冷凉地区以夏、秋为主	光周期不敏感，草莓可持续开花。连作障碍、产量不高，加工型品种较多，鲜食型偏酸，口感稍差

（5）黄桃

桃树适应性广，一般要求年气温12℃以上、降水量年600~800毫米、土壤pH值6.0~7.0，生长期平均气温达24~25℃，最适温度为18~23℃，果实成熟期的适温为25℃左右。短日照诱导桃植株进入休眠，低温诱导植株发展抗冻性。云南桃的品种繁多，分布广泛，但目前曲靖黄桃的规模化种植仅有富源县。宜充分发挥富源春温回升快、桃树花芽分化早，而秋冬降温较慢、日照较长、光照充足的气候优势，推黄桃产业标准化生产。

表4-11　云南富源与中国黄桃主产区气候因子比较

地区	地理位置	年均温/℃	无霜期/天	年降雨/毫米	日照/小时	气候类型
上海奉贤	东经120°35′~121°52′ 北纬30°53′~31°09′	15.7	232	1 170	1 032	海洋性气候
湖南炎陵	东经113°34′54″~114°07′15″ 北纬26°03~26°39′30″	17.2	288	1 761.5	1 575	中亚热带季风湿润气候
浙江嘉善	北纬30°50′， 东经120°55′	15.6	236	1 155.7	1 978	北亚热带南缘东南亚季风
山东平邑	东经117°25′12″~117°56′51″ 北纬35°07′35″~35°43′23″	14.1	212	784.8	2 589.4	暖温带大陆性季风气候
重庆潼南	东经105°31′41″~106°00′20″ 北纬29°47′33″~30°26′28″	17.9	359	990	1 228.4	亚热带湿润季风气候
辽宁大连	东经120°58′~123°31′， 北纬38°43′~40°10′	10.5	180	700	2 600	南温带山地季风湿润气候

（续表）

地区	地理位置	年均温/℃	无霜期/天	年降雨/毫米	日照/小时	气候类型
云南富源	东经 103°58′~104°49′ 北纬 25°~25°58′	13. 8	241	1 098. 6	1 980	亚热带季风气候

四、产业布局和发展建议

重点打造会泽—宣威苹果、石榴、夏季草莓水果产业带，马龙—陆良—麒麟苹果、露地蓝莓、葡萄水果产业带和师宗—罗平热区水果产业带。依据立体气候类型，马龙、宣威、会泽等县（市、区）海拔 1 700~2 200 米区域重点布局发展优质苹果，会泽县小江干热河谷等海拔 1 400~1 700 米区域重点布局发展软籽石榴，师宗、罗平南盘江河谷海拔 900~1 500 米区域重点布局发展柠檬、沃柑等水果，宣威、沾益结合经济林合理布局发展刺梨，麒麟区、师宗、马龙平坝区重点布局发展蓝莓产业，陆良重点发展葡萄产业，会泽县待补等海拔 2 200 米左右区域大力发展夏季草莓，富源海拔 1 500~ 1 700 米区域大力发展黄桃等产业。

苹果。曲靖适宜区生产的苹果 7 月下旬至 8 月初上市，较北方产区早 25~30 天，较昭通产区早 2 周左右；原生态，无污染，口感脆甜，含糖量高、香味浓，果肉细腻、甘甜味厚，质脆无渣、汁多。建议马龙、会泽、宣威等地适宜适度发展苹果种植，宜选择早熟、质优品种，以皇家嘎啦、龙嘎、龙威等早熟品种为主，合理布局中熟、晚熟品种，水利条件较好的适宜区宜推广矮砧密植等关键技术。

蓝莓。曲靖春季升温快，生产的蓝莓成熟早，有利于打时间差，错期销售；光照强、温差大、紫外线强，干物质积累多，果实硬度高、耐储运，糖度和花青素优于国内国际同类产品，香味好、口感佳。建议发展以南高丛为主的早熟品种；发挥资源优势，推广露地规模化、标准化种植山地高品质蓝莓。

热区水果。曲靖市热区水果适宜范围较窄，体量较小。建议以柑橘类、软籽石榴等品类为主，通过提早或延时错峰上市，可抢占热区水果市场先机。

四季草莓。我国草莓露地供应期主要集中于 5—6 月；保护地栽培可从 12 月底供应到 4 月。但比较集中的是在 2—4 月，12 月以前极少见到草莓供应。因此，除露地栽培外，应用促成栽培、半促成栽培、抑制栽培及无土栽培技术，形成周年生产与供应鲜果的体系，使草莓的供应期再向前提早 2 个月，争取在10月上市，供应市场。

黄桃。作为曲靖市水果产业的补充，建议适度规模发展，合理选择优良品种，科学布局早、中、晚熟品种结构，适当加大中早熟和晚熟品种比例，以促进早上市、下市晚，延长供应期。

第四节　道地药材产业

地处滇东高原低纬度、乌蒙山脉的曲靖市，立体气候明显、土壤类型多样，野生药用植物资源丰富，山区面积广阔，现有中药材品种438种（其中野生药材367种），273个土壤种类适宜各类中药材种植土质需求，人工种植环境优越，开发潜力大，是云南中药材的道地产区和主产区之一，特别是通过多年的发展，中药材产业初具规模，“高良薏仁米”被认定为地理标志产品，“龙津”牌灯盏细辛被评为云南“十大名药材”，罗平（小黄姜产业）被认定为云南省“一县一业”特色县，沾益区被确认定为云南省“中药材产业示范县”，麒麟、沾益、罗平、师宗和宣威被认定为“云药之乡”。

一、产业发展现状

曲靖市地处滇东高原低纬乌蒙山脉，立体气候明显，山区面积广阔，土壤类型多样，野生药用植物资源丰富，现有中药材品种438种，其中，野生药材367种，开发潜力大，是云南中药材的道地产区和主产区之一。通过多年的发展，曲靖中药材产业初具规模，“高良薏仁米”被认定为地理标志产品，“龙津”牌灯盏细辛被评为云南“十大名药材”，罗平（小黄姜产业）被认定为云南省“一县一业”特色县，沾益区被确认定为云南省“中药材产业示范县”，麒麟区、沾益区、罗平县、师宗县和宣威市被认定为“云药之乡”，沾益已建成全国最大的一年生当归种植基地、全国最大的银杏连片种植基地。

据曲靖统计年鉴，2020年，全市种植中药材85.8万亩，产量15.8万吨，中药材总产值54.5亿元。主要品种有生姜、薏苡仁、银杏、滇黄精、当归、三七、红豆杉、板蓝根、白术、杜仲、丹参、半夏、黄芩、大黄、附子、木香、柴胡、金银花等54个品种，工业大麻发展迅速，有6个省级农业龙头企业和14个市级农业龙头企业从事中药材生产、加工。

曲靖市9个县（市、区）充分发挥自然资源优势和生产基础，加大中药材发展力度，并取得较好成效。2019 年，全市药材规模化种植 36.9 万亩，总产值 14.6 亿元。主要品种有生姜、薏苡仁、三七、红豆杉、银杏、滇黄精、当归、板蓝根、白术、杜仲、丹参、半夏、黄芩、大黄、附子、木香、柴胡、金银花等 30 余种，有 6 家省级农业龙头企业和 14 家市级农业龙头企业从事中药材生产与加工。沾益已建成全国最大的一年生当归种植基地、全国最大的银杏连片种植基地。

二、产业发展方向和目标

依托曲靖丰富的中药材资源，强化道地药材和野生药材引种驯化和人工栽培，以罗平小黄姜、沾益云当归和银杏、师宗薏仁、宣威灯盏花，以及滇黄精、滇重楼、红豆杉等为重点，充分发挥罗平（小黄姜）“一县一业”特色县引擎拉动作用，整体提升麒麟、沾益、罗平、师宗和宣威 5 个“云药之乡”发展能力，示范带动全市大力发展特色和药食两用中药材。力争创建省级“现代农业产业园”1 个。

到 2025 年，中药材规模化种植面积达 150 万亩，实现总产值 70 亿元；累计培育市级以上中药材龙头企业 30 个以上，“一村一品”专业村 200 个，累计产品认证数 80 个，认证面积达 25 万亩，打造 5 个省内知名的中药材品牌产品，把曲靖建设成为集优质原料生产、生物药业加工、健康养生服务为一体的现代中医药产业，充分释放曲靖“滇东药谷”绿色生态健康红利。

三、产业特点和比较优势

民以药为主，地以药为显，药以地为贵。中药是我国少数具有国际竞争优势的产业之一，据云南省 2020 年中药材产业发展报告统计，2020 年，全国中药材种植面积 7 800 万亩。云南是全国中药材资源最丰富的地区和著名的药材之乡，2020 年中药材种植面积 900.7 万亩，产量 114.83 万吨，种植面积和产量均居全国第 1。中药材质量与其种植区域的生态条件、栽培技术、采收加工、贮运方法等直接相关。云南优势传统道地药材在国内外具有较高的知名度和影响力，“云药”享誉中外，具有品牌优势。

曲靖主要为亚热带高原季风气候，境内海拔最高 4 017.3 米，最低 695 米，相对高差 3 322.3 米，多年平均气温 14.5℃，夏无酷暑，年降水量 900~1 200 毫米，气候温凉湿润，立体气候十分明显（表 4-12）。区域内年温差小、日温差大，日照时间长，昼夜温差大，种植的中药材具有干物质积累多、药效成分含量高等优势，曲靖生产的当归的阿魏酸含量达0.425%，是国家药典标准的8倍；银杏叶黄酮含量高达1.5%，内酯含量达0.8%以上，比江浙等产地含量高出1倍以上。此外，多样化土壤类型，造就了多种药用植物的适生环境，特别适合种植小黄姜、薏苡仁、滇黄精等喜温凉湿润条件的中药材，以及银杏、工业大麻、红豆杉等适应性广的中药材（表4-13）。

表4-12 曲靖与省内外中药材主产区气候条件比较

产区	纬度	中药资源/份	年均温/℃	降水量/毫米	无霜期/天	年日照/（小时/年）	土壤pH值	土壤重金属
云南曲靖	24°19′~27°00′	38	14.5	1 008	255	2 096	偏酸	适中
云南	21°8′~29°15′	6 157	16.5	1 450	278	2 200	偏酸	适中
贵州	24°37′~29°13′	3 924	15.3	1 406	284	1 168	偏酸	适中
四川	26°03′~24°19′	3 359	16.0	873~1 265	278	1 239	中性	适中
东北	40°~55°	856	10.0	600	135	2 500	中性偏碱	适中

表4-13 曲靖与省内外中药材主产区特点与优势

产区	道地药材	道地药材品种	著名药企	特点与优势	主要障碍因素
云南曲靖	云药	滇黄精、小黄姜、薏苡、滇龙胆	永安制药、曲靖制药、曲靖药业	面积大，种类多、活性成分高、道地药材	规模小、规范性差、加工滞后
云南	云药	天麻、滇重楼、滇黄精、三七、金铁锁、草乌、灯盏花、云黄连、云木香等	云南白药、昆中药	面积最大、种类多、原料充足，活性成分高，道地性、云药品牌	单品规模小、规范性差、精深加工少
贵州		杜仲、黄精、珠子参、半夏	益佰、神奇、汉方、百羚	加工投入高、苗药品牌	规范性低、阴雨天多，影响产量和品质
四川	川药	贝母、川芎、川断、川连	科伦、地奥、好医生、百利、太极、省中药	规范性好、加工能力强，品牌优势	适种品种相对较少、阴天多、气温低
东北	关药	人参、柴胡、北龙胆、黄芪、党参	哈药集团、天力士、北药集团、	起步早、规范性好、精深加工，品牌优势	适种品种相对较少、气温低

四、产业布局和发展建议

重点建设沾益—宣威—会泽和罗平—师宗—富源2条中药材产业带，其中：沾益—宣威—会泽中药材产业带，在适宜乡镇重点发展滇黄精、银杏、金（山）银花、白及、当归、黄芩、灯盏花、红豆杉等；罗平—师宗—富源中药材产业带，在适宜乡镇重点发展小黄姜、薏仁、滇重楼、滇黄精、金（山）银花等中药材。同时，综合产业基础和优势，确定沾益为北部中药材产业带核心区，罗平为南部中药材产业带核心区，通过核心区建设，带动全市道地药材产业发展（表4-14）。

表4-14　各县（市、区）道地药材产业发展布局

规划布局	县（市、区）	区域布局	主推品类
核心区	沾益区	播乐、白水、炎方、菱角、大坡等乡镇	以银杏、当归、滇黄精、红豆杉等为主
	罗平县	板桥、钟山、旧屋基等乡镇	以生姜（小黄姜）、薏仁、杜仲、柴胡为主
示范带动区	麒麟区	东山镇、次营镇为主	以重楼、滇黄精、白及、灯盏花等为主
	马龙区	月望、王家庄、马过河、旧县、纳章、马鸣、大庄等乡镇	以附子、滇重楼、滇黄精、白及等为主
	陆良县	中枢、大莫古、马街、小百户、芳华、召夸等乡镇	以灯盏花、滇重楼、滇黄精、半夏等为主
	师宗县	五龙、高良等乡镇	以薏仁、小黄姜、金银花（山银花）等为主
	富源县	富村、老厂、古敢水族、十八连山、墨红、大河、黄泥河等乡镇	以生姜、滇重楼、滇黄精、灯盏花等为主
	会泽县	者海、迤车、老厂、大海、五星等乡镇	以草乌、金铁锁、云木香、党参、滇重楼、滇黄精等为主
	宣威市	龙潭、务德、得禄、热水等乡镇	以茯苓、当归、白术、丹参、金银花、灯盏花等为主

曲靖中药材资源丰富，驯化利用潜力大；种类多，适种范围广；气候条件优异，间作套种及林下种植潜力大；活性成分高，道地药材品类多，品质好；药食兼用薏苡仁、小黄姜、滇黄精等独具优势。建议发展以云药为主的道地药材和药食兼用型优势药材。

第五节　新兴花卉产业

云南得益于优越的自然环境，与非洲的肯尼亚、埃塞俄比亚和南美洲的哥伦比亚、厄瓜多尔并称世界三大最适宜花卉生产的低纬高原地区。当前，云南花卉种植面积和产值排名全球第3、增长速度居全球第1，其中鲜切花

种植面积全球第 1、外销额全球第 2、国内市场占有率达到 75%以上。

一、产业发展现状

曲靖市地处云贵高原中部滇东高原，适宜多种花卉生产，尤其以麒麟、马龙、陆良为代表的区域，海拔 2 000 米左右，年降水量 900～1 100 毫米，年平均日照时数 2 098 小时、年平均温度 14.5℃、无霜期 254 天，是云南鲜切花卉、加工花卉的新兴优势产区。据曲靖年鉴 2021 数据，2020 年，花卉种植面积 20.6 万亩，产鲜切花 9.9 亿枝，盆花 1 545.2 万盆、食用药用等加工花卉 152.1 万吨，花卉产值 17 亿元。马龙引进爱必达、海盛、英茂、世美花卉、百利信花卉、嘉华农业等花卉企业入驻，建成了马龙现代花卉种植园和食用花卉种植园 2 个产业园区；陆良引进陆航发展鲜切花、盆栽花。全市初步形成以麒麟区、马龙区、会泽县、沾益区、宣威市为主的鲜切花生产区，以麒麟区、沾益区、宣威市、师宗县为主绿化观赏苗木生产区，以麒麟区、师宗县、罗平县、沾益区、宣威市为主的盆栽观赏植物生产区。

近年来，曲靖花卉产业蓬勃发展，2020 年，全市花卉种植面积 20.6 万亩，产值 17 亿元。部分产区特色优势凸显，罗平、麒麟、宣威、师宗、沾益被列为云南省花卉产业重点县（市、区），沾益建成了亚洲最大的万寿菊种植和加工基地，马龙引进爱必达、海盛、英茂、世美花卉、百利信花卉、嘉华农业等花卉企业入驻，建成了马龙现代花卉种植园和食用花卉种植园 2 个产业园区；全市初步形成以沾益区、马龙区、陆良县、师宗县和宣威市为主的工业原料花卉生产区，以麒麟区、马龙区、会泽县、沾益区、宣威市为主的鲜切花生产区，以麒麟区、沾益区、宣威市、师宗县为主绿化观赏苗木生产区，以麒麟区、师宗县、罗平县、沾益区、宣威市为主的盆栽观赏植物生产区。

二、产业发展方向和目标

我国花卉出口的重点主要是鲜切花、引进和驯化植物以及原产于我国的花卉植物种类上。云南丰富的自然资源，气候类型多，周年温差小、日温差大、光照充足、日照时间长，太阳辐射光热较多，雨水丰富，物种资源丰富，是全国及亚洲最佳的鲜花生产气候适宜区，与非洲（肯尼亚）、南美洲（哥伦比亚、厄瓜多尔）并称为世界三大最适宜花卉生产的地区。与国内鲜切花种植大省（湖北、广东、海南）相比，云南花卉生产具有种类丰富、品质较高、周年生产等优势。其中，鲜切花种植面积全球第 1，外销额全球第 2。

抓住云南作为全球花卉快速发展的有利时机，巩固提升万寿菊产业，大力发展以精油玫瑰为重点的加工型花卉，以百合、月季、康乃馨等为重点的鲜切花，以贡菊、食用玫瑰等为重点的食用花卉，依花兴旅，提升打造罗平“七彩花海”、麒麟区金麟湾爱情小镇、麒麟水乡千亩荷花暨荷花精品园等新型花卉观光休闲新业态。力争创建省级“现代农业产业园”1个。

到2025年，全市发展花卉28万亩，其中，万寿菊7.3万亩、加工型玫瑰4.2万亩、鲜切花10.8万亩，其他花卉6万亩，实现产值25亿元。累计培育市级以上的花卉龙头企业15个以上，“一村一品”专业村20个，产品认证40个，绿色有机认证面积达12万亩。打造2~4个省内外知名的花卉品牌产品，将曲靖市建成云南重要的植物色素生产加工基地、重要的高品质鲜切花生产基地和种苗繁育基地。

三、产业特点和比较优势

据国际园艺生产者协会统计，2020年，全球观赏植物种植面积187.75万公顷，产值约为620.7亿欧元，鲜切花及盆栽植物贸易额238亿欧元，欧洲、美国、日本是全球花卉的主要消费市场。我国是世界上最大的花卉生产基地、重要的花卉消费国和花卉进出口贸易国，花卉种植面积已达到世界花卉生产总面积的1/3。云南与非洲的肯尼亚、埃塞俄比亚和南美洲的哥伦比亚、厄瓜多尔并称世界三大最适宜花卉生产的低纬高原地区。当前，云南花卉种植面积和产值排名全球第3位、增长速度居全球第1位，其中鲜切花种植面积全球第1位、外销额全球第2位、国内市场占有率达到75%以上。花卉产业是云南高原特色现代农业产业中知名度最高、发展最快、潜力最大的产业之一，云花是一张最靓丽、最响亮的名片。据云南省2020年花卉产业发展报告，2020年，全省花卉种植面积190.1万亩，综合总产值830.1亿元。经过多年发展，以鲜切花、种用花卉、地方特色花卉、绿化观赏苗木和加工用花卉为主的多元化产业发展格局基本形成，正逐步转向差异化、质量型为主的竞争，由劳动、土地密集型向资本、技术密集型转变，产业呈现标准化、专业化、规模化、信息化的新特征。

曲靖市地处云贵高原中部，具有优越的地理位置和立体气候，气候温和，年温差小、日温差大，年平均气温14.5℃，平均降水量1 008毫米。夏无酷暑，冬无严寒，丰富的自然资源和便捷的交通，十分有利于花卉的生长发育和生产周期调节、有利于花卉产品销售及旅游观光。区位优势方面，云南省地处中国西南边陲，与多国毗邻或接壤，是面向东南亚、南亚国家开放前沿的桥头堡，为花卉贸易创造了良好的区位条件（表4-15和表4-16）。

表 4-15　曲靖与国内鲜切花主产区气候条件比较

产区	代表性地区	纬度	气候特点	土地租金/元	年均温/℃	降水量/毫米	无霜期/天	年日照/（小时/年）	紫外线
云南曲靖	马龙区	25°08′~25°37′	周年温差小、昼夜温差大、光照时间长、紫外线强、空气湿度较低	800~1 200	13.4	1 032	241	1 985	强
	陆良县	24°44′~25°1′	周年温差小、昼夜温差大、光照时间长、紫外线强	800~1 200	14.7	900~1 000	249	2 442.5	强
云南	晋宁	24°23′~24°48′	周年温差小、昼夜温差大、光照时间长、紫外线强	3 000~3 500	14.8	922	240	2 291	强
华南地区	珠三角地区	20°13′~25°31′	夏季高温多雨，冬季温和少雨。冬季不到1个月；夏季在4个月以上，春、秋季节可达3个月。夏秋平均气温25℃以上，温差小，台风影响大	3 500~5 000	22	1 400~2 000	45	1 900~2 200	弱
	海南	18°10′~20°10′		4 000~6 000	23	1 400~2 000	346	1 750~2 650	弱
湖北	武汉、宜昌	26°03′~34°19′	冬冷夏热，春秋多变，夏冬长春秋短，降水充沛，梅雨明显	500~800	15.8~17.5	1 205	211~272	1 950~2 000	弱

表 4-16　曲靖与国内鲜切花主产区采收期、品种及障碍因子比较

产区	代表性地区	主要品种	气候特点	产品特点	供应季	特点与优势	主要障碍因素
云南曲靖	马龙区	玫瑰、月季、康乃馨、百合	周年温差小、昼夜温差大、光照时间长、紫外线强、空气湿度较低	花色更艳、香味更浓、茎干更挺拔、鲜切花开花期和瓶插期也更长	周年均衡供花	曲靖空气湿度较低，鲜切花不易得病，枝条较硬，品质较好；土地和劳力资源丰富，规模发展空间广阔，生产成本低。年温差小	需要进一步提高龙头企业带动作用，形成品种特色和规范性的技术体系和物流体系
	陆良县	康乃馨、玫瑰、洋桔梗、满天星	周年温差小、昼夜温差大、光照时间长、紫外线强	花色更艳、香味更浓、茎干更挺拔、鲜切花开花期和瓶插期也更长	周年均衡供花		
云南	晋宁	玫瑰、月季、康乃馨、绣球	周年温差小、昼夜温差大、光照时间长、紫外线强	花色更艳、香味更浓、茎干更挺拔、鲜切花开花期和瓶插期也更长	周年均衡供花	昆明起步早，基础好，技术体系成熟、物流便利，品牌优势凸显；开远为新区，具特色优势	昆明土地资源限制了展空间，且生产成本偏高；开远新区离长水机场较远，物流成本较高。新品种开发较缓慢
华南地区	珠三角地区	月季、非洲菊、百合、菊花、剑兰、姜花、天堂鸟、红掌	夏季高温多雨，冬季温和少雨。冬季不到1个；夏季4个月以上；春、秋季节可达3个月。夏秋平均气温25℃以上，温差小，台风影响大	热带花卉、切叶等为主，反季生产，花朵大或数量多、花色艳丽、花形娇美，品质佳	周年均衡供花	起步早、热带花卉特色显著，新品种开发能力较强，技术和市场稳定，物流十分便利，品牌优势突出	土地资源限制，土地租金高，生产成本高，且台风及高温多雨候影响生产
	海南	热带兰、非洲菊、红掌、黄金鸟					
湖北	武汉、宜昌	月季、非洲菊、百合、非洲菊、石斛兰、芍药	冬冷夏热，春秋多变，夏冬长春秋短，降水充沛，梅雨明	与云南鲜切花品种同质化程度较高，但品质稍逊	2~3 季供应	物流便利，土地多、租金低，劳动力充足	技术规范性有待提高，物资供应体系待完善，酷暑、寒冬和多雨天气影响

四、产业布局和发展建议

结合云南花卉产业布局和产业优势特色，重点建设马龙—麒麟—沾益新兴花卉产业带，构建以沾益为核心的工业原料花卉生产区、以马龙为核心的鲜切花生产区和以罗平为核心的休闲农业（花卉）核心区。示范带动全市宜区加快发展新兴花卉（表 4-17）。

表 4-17　曲靖各县（市、区）新兴花卉产业发展布局

布局	县（市、区）	区域布局	主推品类
核心区	沾益区（工业原料花卉生产核心区）	大坡、菱角、白水、金龙、炎方、播乐	万寿菊、玫瑰及加工花卉
	马龙区（鲜切花生产核心区）	月望、通泉、旧县、王家庄、鸡头村、张安屯	鲜切花、万寿菊、玫瑰
	罗平县（休闲农业（花卉）核心区）	罗雄、腊山、板桥	花卉旅游
带动区	麒麟区	沿江、三宝、越洲、珠街、东山、寥廓、白石江	鲜切花、加工花卉、盆栽观赏植物、绿化苗木
	师宗县	丹凤镇海晏村	盆栽观赏植物、绿化苗木
	宣威市	西宁、热水、海岱、龙潭、宝山、田坝、来宾、落水、龙场、板桥	玫瑰及加工花卉
	会泽县	待补野马村	百合及种球
	陆良县	三岔河镇、马街镇、中枢镇、小百户镇	鲜切花、万寿菊、
	富源县	营上镇	万寿菊

曲靖具备有效承接滇中花卉产业外拓的土地和劳动力优势，生产成本相对较低。建议加强新品种选育推广，合理调整品种结构，尽快形成特色品种，做好推介和标准化生产模式，完善产业链。

第六节　优势蚕桑产业

据统计，全世界约有 70 个国家种桑养蚕；中国蚕茧产量、生丝贸易量、丝绸面料贸易量分别约占全球的 80%、70%、47%，是世界第 1 蚕桑大国。曲靖市气候温和、雨量充沛、光照条件好、适宜桑树生长，具有周年饲养春用多丝量蚕品种的生产基地优势，被行业内誉为“养蚕天堂”，其栽桑养蚕历史悠久，早在三国蜀汉年间就有栽桑养蚕的记载，多年来蚕桑是本地农业生产和农民增收的优势产业；主产区生产的蚕茧质量好，个大、色白、层厚、上车率高、解舒好、净度高，80%以上的原料能缫5A级白厂丝，是云南省茧丝绸生产发展的重点市。其中，陆良县是云南省最大的蚕桑生产基地县，桑园面积、发种量、蚕茧产量分别占全省的10%、22%、20%；尤其作为全省唯一鲜茧产量超万吨的基地县，鲜茧产量占全省的25.7%。

一、产业发展现状

据智研咨询整理统计，2020年中国桑园面积1 146.5万亩，蚕种生产量1 285万张，蚕种发种量1 678万张，全国桑园面积稳定，桑蚕综合效益提升。国家实施“东桑西移”政策以来，云南抓住机遇，加大对蚕桑产业的扶持，从2010年至2015年，每年投入5 000万蚕桑专项资金发展蚕桑产业，加强全省高效桑园标准化建设、小蚕共育、大蚕省力化饲育等方面的建设，带动和提升了广大农民的栽桑养蚕水平，有力推进蚕桑产业持续、稳定、健康发展。云南蚕桑产业的发展由以养蚕缫丝为主的传统产业向蚕桑资源多元利用的现代产业转变，“桑园+”、桑枝生产食用菌、桑椹开发、蚕沙综合利用、蚕丝被生产、乡村休闲旅游等新模式广泛推广。蚕桑产业的药食用途、饲料用途、新材料用途和文化生态等全面开发，其中，桑枝生产食用菌、蚕丝被生产、蚕沙提取叶绿素呈现产业化发展态势，蚕桑综合利用开发初见成效。云南蚕桑生产副产物得以高效循环利用，有效促进了蚕桑产业向绿色高效生产发展。

进入本世纪，随着国家“东桑西移”产业政策的实施，云南迎来了新一轮蚕桑产业发展的机遇，产业发展出现新的高潮，“十三五”期间，全省桑园面积、发种量、茧产量都占全国10%以上，产能排名进入全国第3位。曲靖市抓住机遇，把茧丝绸产业作为全市“十大农业特色产业”之一来培育，并逐步形成以麒麟、沾益、陆良、师宗4个县（区）为核心的沿珠江流域分布的优势产业带。2020年，据《曲靖年鉴2020》《曲靖年鉴2021》，全曲靖市桑园规模化面积累计种植面积种植16.7433万亩，鲜茧产量1.25万吨，蚕茧产值实现35.8亿元。截至目前，全市现有加工企业24个，其中市级重点龙头企业2个，省级重点龙头企业1个；加工丝绵被的作坊900余个，年加工销售丝绵被 8 万床。

二、产业发展方向和目标

立足于曲靖市优质蚕桑生产条件和优势，围绕“巩固、提高、稳步发展”的发展思路，按照“转方式、调结构、建基地、引龙头、树品牌、争效益”的产业发展理念，通过良种、良法推广和资源综合利用，统筹产业规划，促进转型升级；培育龙头企业，形成产业集群；实施品牌战略，开拓内外市场。同时，发展与稳定并举、服务与监管并重，着力构建蚕种质量追溯、桑（蚕）病综合防控、标准化生产和科技培训“四大体系”，加快曲靖蚕桑“优品”农业基地建设和中国茧丝绸优质生产基地建设，发挥曲靖市蚕桑在西部蚕桑产业中的规模、品牌、效益、市场、科技引领作用。

重点打造陆良—麒麟—沾益蚕桑全产业带，带动曲靖市蚕桑产业发展。到 2025 年，全市蚕桑种植面积达 33.8 万亩，年产蚕茧达 2 万吨以上，蚕桑农业总产值达 10 亿元。在现有加工的基础上引进和培育年产生丝 1 300 吨的缫丝厂 1 个，年产 1 000 万米织绸厂 1 个。同时加大桑叶、桑葚、桑枝条、蚕沙综合开发与循环利用，探索蚕桑与蘑菇立体种植，提高产业综合效益，蚕桑产业综合产值达 12 亿元以上。累计培育市级以上的龙头企业 10 个，“一村一品”专业村 50 个，累计产品认证 20 个。

三、产业发展特点和比较优势

中国是世界桑树原产地和丝绸发祥地，已有 5 500 多年的悠久历史和深厚的文化底蕴，是中国重要的支柱产业和功勋产业，既是全球蚕桑资源最丰富的国家，也是世界茧丝生产和绸缎加工贸易出口大国。

改革开放以来，中国蚕桑产业经历了从计划经济体制到市场经济体制、东部蚕区到西部蚕区、传统产业链到现代产业体系、出口为主到内外销并重的 4 大转变。20 世纪 80 年代，受东中西部地区经济发展差距、蚕桑产业所具有的劳动密集型和土地密集型特征的影响，东部地区的广东、浙江、江苏等蚕桑主产省首先出现了蚕桑生产区域的省内转移。20 世纪 90 年代开始发展为整体由东部省份向西部省份的转移。2000 年国家经济贸易委员会①提出了“东桑西移”战略，2006 年商务部开展了“东桑西移”工程，在产业转移规律和政府政策的共同作用下，东部地区（包括江苏、浙江、广东、山东 4 省）的蚕桑生产不断萎缩，西部地区（包括广西、四川、重庆、云南、陕西、甘肃、新疆、贵州等 5 省 2 区 1 市）的蚕桑生产快速增长，蚕桑生产已初步形成以“东桑西移”为特征的梯度转移态势。20 世纪 90 年代，受国内经济发展和世界经济波动、市场化改革及产业自身特征等因素的影响，中国蚕桑产业出现了新的发展趋势，蚕桑产业在传统纵向产业链发展的基础上，横向拓展出桑叶、桑椹、桑枝、蚕沙、蚕蛹、蚕丝等多元利用的资源，推动蚕桑产业向食品业、饮料业、医药业、保健业、生物产业等行业延伸。构建了蚕桑产业链纵向一体化与横向多元化融合的现代蚕桑产业体系，推动蚕桑产业从传统产业链向现代产业体系的转变，促进蚕桑产业的转型升级。

蚕桑产业作为云南省高原特色、绿色友好产业之一，在脱贫攻坚、促进农民增收、区域特色经济发展中发挥着重要作用。“十三五”期间，云南省桑园面积、发种量、产茧量都占全国 10%以上，产能排名进入全国第 3 位。“十四五”期间蚕桑产业将围绕云南“绿色食品牌”和支撑乡村振兴发展的目标，按照高质量发展要求大幅提升蚕桑产业科技水平和生产能力。近年来全省桑园面积、蚕茧产量、发种量、蚕种产量呈上升趋势，占全国的比率虽有波动，但总体呈上升趋势，全省蚕桑产业规模稳步提升。据 2021 年云南省蚕桑产业发展报告，2020 年全省桑园面积 137. 4 万亩，蚕种产量 180 万张，蚕茧产量 5. 6 万吨。

云南的蚕桑生产基地主要布局在三大区域。一是滇中、滇西蚕桑生产区。以曲靖、昆明、楚雄、大理、保山、德宏等州（市）为主，桑园面积占全省桑园面积 70. 4%，发种量占全省发种量 67. 7%，蚕茧产量占全省蚕茧产量 71. 9%。二是滇南蚕桑生产区。以普洱、文山、红河、临沧等州（市）为主，桑园面积占全省桑园面积 14%，发种量占全省发种量 13. 7%，蚕茧产量占全省蚕茧产量 14%。三是金沙江流域蚕桑生产区。以金沙江沿岸的 20 多个县区丘陵山地为主，桑园面积占全省桑园面积 15. 6%。曲靖市抓住机遇，把茧丝绸产业作为全市“十大农业特色产业”之一来培育，并逐步形成以麒麟、沾益、陆良、师宗 4 个县（区）为核心的沿珠江流域分布的优势产业带。曲靖市气候温和、雨量充沛、光照条

① 注：2003 年机构改革，不再保留国家经济贸易委员会。

件好、环境污染较少，空气清新洁净，适宜桑树生长，在种桑养蚕方面具有得天独厚的区位和气候条件优势（表 4-18 和 4-19）。境内大量的陡坡山地、丘陵缓坡地、水库库区土地等可用于种植桑树和养蚕，土地资源富足，具有周年饲养春用多丝量蚕品种的生产基地优势，为全国最优蚕茧生产地之一。

从农业气象的角度看，蚕桑生产要求日照充足，雨量充沛，昼夜温差大，无霜期长，≥10℃年积温 2 500℃以上，年降水量 500 毫米以上，并且桑叶产量和积温呈正相关关系。

表 4-18　云南曲靖与国内蚕桑主产区气候条件比较

产区	地理位置	气候特点	年均温/℃	降水量/毫米	无霜期/天	日照/小时	≥10℃积温/℃
云南陆良	北纬 24°44′~25°18′ 东经 103°23′~104°02′	属亚热带高原季风型冬干夏湿气候区，具有冬无严寒，夏无酷暑，春暖干旱，秋凉湿润的特点	16.2	742.4	303	2 002.6	5 326
云南	北纬 21°8′~29°15′ 东经 97°31′~106°11′	属于亚热带和热带季风气候，立体气候特点显著，类型众多、年温差小、日温差大、干湿季节分明、气温随地势高低垂直变化异常明显	16.5	1 450	278	2 200	3 700~7 200
广西	东经 104°28′~112°04′ 北纬 20°54′~26°24′	属亚热带季风气候区和热带季风气候，夏季日照时间长、气温高、降水多，冬季日照时间短、天气干暖	19.8	1 694.8	324	1 540.4	5 000~8 300
山东	北纬 34°22.9′~38°24.01′ 东经 114°47.5′~122°42.3′	属暖温带季风气候类型。降水集中，雨热同季，春秋短暂，冬夏较长	13.4	641.6	200	2 388.2	3 800~4 600
四川	北纬 26°03′~34°19′， 东经 97°21′~108°12′	属中亚热带湿润气候区，又兼有海洋性气候特征。季风气候明显，雨热同季，区域间差异显著，全年温暖湿润	17	1 100	285	1 200	4 000~6 000

表 4-19　曲靖与省内外蚕桑主产区特点与优势

产区	代表性地区	主要品种	特点与优势	主要障碍因素
云南曲靖	陆良	强桑 1 号、农桑 8 号；秋丰×白玉”（华康 2 号）、菁松×皓月、781×7532、春玉×明丰、两广二号等	产茧量高，茧形大、营茧快、茧色白、茧层厚、上车率高，茧层率 53%，解舒良好。80% 以上可缫制 5A 级以上生丝，茧丝长，茧质好，出丝多，丝质柔软，富有质感	莱桑矛盾冲突，产业聚集度不高，规模小，养蚕成本高
云南	曲靖、昆明、楚雄、大理、保山、德宏	农桑 14、强桑 1 号、丰田 2 号；华康 2 号、菁松×皓月、云抗一号、华康 3 号等	蚕茧茧层率、茧丝长、解舒率高	立地条件差，桑园基础设施薄弱；养蚕技术水平低，养蚕规模偏小
广西	河池、南宁、柳州、来宾、百色	两广二号、桂蚕 5 号、桂蚕 8 号；桂桑 5 号、桂桑 6 号、桂诱 2172、优质高产桑 94168 等	茧型大茧色白、净度高、强健性好、产量高	机械化、规模化程度低；蚕丝精深加工落后；蚕桑资源开发不足
四川	绵阳、南充、宜宾、凉山	蜀细 1 号、川蚕 27 号、川蚕 30 号等	桑树枝条长、叶形大、叶质优、硬化迟和扦插成活率高；蚕种：具有体质强健、抗高温能力强、产量高、茧丝质优	养蚕设备落后、生产效率不高，蚕桑品种更新慢
山东	日照、泰安、莱芜、威海、烟台	菁松・皓月、春蕾・镇珠、9405・9406、鲁七・9202、873・874 等	桑树产叶量高、叶质好；桑蚕上蔟时温湿度适宜，蚕茧解舒率高，茧丝长	科技支撑弱，缺乏适宜当地生产的优良蚕桑品种，产业规模小

据《曲靖年鉴 2021》《曲靖年鉴 2020》，曲靖市桑园累计种植面积 33 万亩，鲜茧产量 1.5 万吨，产值 5.8 亿元。拥有麒麟、沾益、陆良、师宗 4 个省级优质蚕桑基地县，蚕桑资源得天独厚，其中陆良县有 52 个以上的 33.33 公顷集中连片规模化集约化程度高基地村。本土企业生产的蚕茧、桑葚酒、桑葚酵素、桑葚干、高端蚕丝制品、桑枝食用菌等高附加值桑产品品质优良、竞争力强。特别是近年来异军突起的茶桑产业，不仅开辟了新领域、新业态、新市场，成为现代农业新的经济增长点，也必将为进一步巩固和做强现代农业千亿集群发挥重要作用。

四、产业发展布局及建议

围绕总体目标，坚持优化布局、区域发展、集中连片、配套开发的原则，曲靖蚕桑产业发展分核心区和示范带动区进行规划和布局，逐步由单体成规模、总体成区域、区域有特色的“一乡一业，一村一品”发展格局（表4-20）。

表4-20　曲靖优质蚕桑核心区和示范带动区布局

规划布局	县（市、区）	区域布局
核心区	陆良县	马街、三岔河、板桥和芳华等乡（镇）
	麒麟区	茨营、东山、三宝和廖廓等乡（镇）
	沾益区	盘江、花山、菱角、大坡、西平和炎方等乡（镇）
示范带动区	师宗县	彩云、葵山、高良、龙庆等乡（镇）
	富源县	竹园、墨红、后所等乡（镇）
	宣威市	阿都、海岱、文兴等乡（镇）

1. 核心区布局

以陆良、麒麟和沾益为核心，集中打造陆良—麒麟—沾益蚕桑全产业带。每个县（区）重点发展4~5个适宜乡（镇），扶持建设优质蚕茧生产基地（每个乡镇桑园不少于1万亩，年产鲜茧1 000吨以上）。

2. 示范带动区布局

通过核心区蚕桑产业带的建设，示范带动师宗、富源和宣威蚕桑产业发展。同时，在泛珠江流域的丘陵山地，利用桑树速生、抗旱等特点，结合退耕还林、防洪等工程，建设泛珠江流域生态蚕桑带，结合专业村打造。着力建设一批“万亩乡、千亩村、百亩组”产业区。

曲靖市具有土地成本相对较低，劳动力相对充裕，自然生态保持较好等优势条件，发展蚕桑产业应主动承接“东桑西移”，加强蚕桑产业链建设，加快产业转型升级和提质增效，以品牌化、集群化、平台化聚力打造辐射东南亚的“中国丝绸新都”。传承发扬蚕桑文化，推进智慧蚕桑建设；注重综合开发利用，实现蚕桑资源的多层次利用；做强做优产业链条，拓宽市场桑蚕产业优化“公司+基地+农户+标准化”等组织联结形式。

第七节　特色魔芋产业

曲靖主要为亚热带高原季风气候，多年平均气温 14.5℃，夏无酷暑，降水集中，自然条件优越，温暖湿润的气候条件和丰富的林地资源为发展魔芋产业提供了得天独厚的先决条件，是魔芋种植的适宜区。

一、产业发展现状

云南省魔芋发展基础良好，经过 30 年的发展，已形成初级产业化发展模式。云南每年供应市场 1 万~1.2 万吨魔芋精粉，占全国供应量的 60%以上，而且每年提供外销的种芋达 7 万吨，占全国种芋市场近 70%，为全国其他魔芋种植区的发展提供了基础。楚雄市和富源县双双被中国魔芋协会评定为全国 10 个魔芋产地重点县（市区）。

曲靖市魔芋种植始于 20 世纪 80 年代，主要分布在富源县、宣威市、会泽县、陆良县、沾益区、麒麟区和罗平县等县（市、区）的 27 个乡（镇、街道）。目前，魔芋已发展为曲靖农业十大特色产业之一，其规模化种植、有机魔芋栽培技术、魔芋产品加工开发水平居全国前列，成为云南省最大的魔芋生产、加工、销售集散地和中国 4 大魔芋主产区之一。现有云南金田原农产品开发有限公司、富源县光华魔芋开发有限公司、富源县坤星源魔芋开发有限公司、富源县雄升农贸有限公司、曲靖富力发展有限责任公司、宣威市格宜魔芋精粉工贸有限公司等魔芋加工企业，加工产品主要有魔芋烤片、魔芋精粉、魔芋微粉及仿生食品。年加工魔芋精粉达 5 000 吨以上。富源县被评为全国重点魔芋种植基地县，老厂乡和富村镇先后被中国魔芋协会誉为“魔芋种芋第一乡”和“中国魔芋第一镇”。

富源县是我国第一批魔芋重点种植基地之一，2013 年成立了云南省农科院富源魔芋研究所，相继育成了“富魔 1 号”“金地 1 号”等魔芋新品种。魔芋胶、魔芋精粉、魔芋膳食纤维、魔芋仿生食品等系列产品远销北京、上海、深圳、台湾等地，并出口到日本、泰国、欧美等地。“润麒”“白金芋宝”“芋之堂”商标获云南省著名商标或知名商标。2018 年中国魔芋协会组织评定，富源被评为全国 10 个魔芋产业重点县之一，成为云南仅有的 2 个县（市）之一。2020 年，富源县种植魔芋 15 万亩，产量 18 万吨，产值 9 亿元，其种植面积分别占全国 220 万亩的 6.8%、云南省 77 万亩的

19.5%和曲靖市21万亩的71%。

现有魔芋加工企业7家，年加工魔芋精粉达5 000吨以上。“富源魔芋”被国家工商行政管理总局①认定为中国驰名商标，获得农业部农产品地理标志登记证书，同时通过日本AFAS的JAS有机农产品认证。2020年，全市规模化种植魔芋23.9亩，产量为35.3万吨，产值16亿元。

二、产业发展方向和目标

充分发挥以富源为核心的魔芋生产优越的自然条件和多年积累的产业发展基础，以市场为导向，企业为主体，科技为支撑，效益为核心，加强抗病新品种选育和应用，加大标准化良种繁育和规模化种植基地建设，大力推行增施有机肥和轮作等良性栽培措施，扶持和培育精深加工企业，强化品牌打造，进一步完善“企业+协会+基地+农户”的产业发展模式，形成以龙头企业带基地，基地连协会，协会带农户，贸工农一体化，产供销一条龙的产业化运营格局，打造“精品魔芋”产业基地，引领云南魔芋产业发展。力争创建省级以上“现代农业产业园”。

重点打造富源县魔芋产业带，带动沾益、麒麟、宣威、罗平等县（市、区）魔芋产业发展。到2025年全市魔芋种植规模种植达42.2万亩，农业总产值达35亿元，通过初精深加工，综合产值达60亿元。累计培育市级以上的龙头企业10个，“一村一品”专业村50个，累计产品认证20个，绿色有机认证面积达7万亩。打造2~4个省内外知名的品牌产品。

三、产业发展特点和比较优势

中国魔芋种植有上千年历史，但魔芋规范化、科研化时间程度较晚，在上世纪80年代中期，以西南大学为首，国内开始对魔芋的植株培养、科学种植、产品应用等进行研究。目前，全世界已知的魔芋品种超过160种，在我国已发现25种，其中云南省有19种。种植的魔芋种类主要为白魔芋（*A. albus*）、花魔芋（*A. konjac*）和珠芽魔芋（*A. bulbifer*（Roxb.）Blume）三大类，但商品价值较高、在我国已广泛栽培的是其中的花魔芋（*A. konjac*）和白魔芋（*A. albus*）2种。据中国魔芋协会种植专委会统计，

① 注：2018年3月机构改革，不再保留国家行政管理总局，组建国家市场监督管理局。

目前我国魔芋产量占全球产量的63%，在全球排行第1，其次为日本占22%，而世界其他地区总产量仅为15%。近几年，我国魔芋的种植面积始终保持在年均10%左右的增长速度，据中国魔芋协会统计，2020年我国魔芋种植面积约为15.33万公顷，其中，云南省魔芋种植面积全国最大，2020年已达到5.07万公顷，占全国的33%。

魔芋喜温喜湿，其种植以18~25℃，海拔600~1 800米，偏酸性土壤，富含丰富腐殖质为宜，特殊的地理环境要求形成了“四大魔芋主产区”，一是以云南楚雄、富源为代表的云贵乌蒙山产区；二是以湖北恩施、湖南会同为代表的鄂西北魔芋区；三是以陕西岚皋县为代表的陕西南部魔芋产区；四是以四川安县为代表的四川重庆产区。随着育种和高效栽培技术的突破、产业链的完善和拓展、市场需求的增加，我国魔芋产业发展快速发展，形成了涵盖育种、种植、加工和制品为一体的完善的魔芋产业链。魔芋除了食用以外，还可广泛应用于医药、化工、石油、造纸、印染、地质、建材、环保、航天航空等领域，在国际上受到极大重视，是21世纪的朝阳产业。2020年中国魔芋整体市场规模已经突破400亿元，近十年年均复合增长率达到26%。

曲靖主要为亚热带高原季风气候，平均气温15~26℃，夏无酷暑，降水集中，地形主要以高原山地为主，境内最高海拔为4 017.3米，最低海拔为695米，相对高差3 322.3米，林下土层深厚，长江境内水系众多，水资源丰富，水质中富含钙、锌、钾等元素。优越的自然条件、温暖湿润的气候条件和丰富的林地资源为发展魔芋产业提供了得天独厚的有利条件，是魔芋种植生长和良种繁育的适宜区域之一。

近年来，国内外市场对魔芋需求量越来越大，除日本、港澳地区和东南亚国家以外，欧美市场对魔芋精粉的需求也日益增加，中国作为魔芋生产大国，在魔芋资源、生产规模和魔芋制品上占有明显优势。云南魔芋由于农民有积极性，适种区域广泛，政府支持度高，生产成本远低于其他种植区，原料和精粉贮存期长，无论是原料生产量还是原料质量在全国均处于重要地位，是具有比较优势的高原特色优势产业。

与云南毗邻的东南亚国家如缅甸、越南、印度尼西亚等国，因自然条件的限制，魔芋种植面积较小，随着东南亚国家成为主要的魔芋消费市场，云南在运输成本上优势明显，有利于加快开拓国际市场，促进魔芋产业的快速发展。

曲靖与其他魔芋生产区气候条件、特点与优势情况详见表4-21和表4-22。

表 4-21　曲靖与其他魔芋主产区气候条件比较

产区	代表性地区	纬度	种植海拔/米	气候特点	年均温/℃	降水量/毫米	无霜期/天	年日照/(小时/年)	土壤类型
云南曲靖	富源县	25°～25°58′	1 600～2 100	属于亚热带高原季风气候，周年温差小、昼夜温差大、光照时间长、紫外线强、空气湿度较低	13.8	1 100	242	1 773.9	红壤、黄壤、紫色土等，pH 值 5.5～7.0
云南	昭通市永善县	27°30′～28°31′	600～1 500	属中亚热带湿润气候，昼夜温差小，雨热同期，干冷同季	16.5	743.9	322	1 048	砂壤土、黄壤土等，有机质含量为 1.23%，pH 值 6.5～7.5
云南	楚雄州	24°13′～26°30′	1 600～2 400	属北亚热带冬干夏湿季风气候，立体气候较为突出，干湿季分明，雨量集中，日照充足	17.6	709.7	249	2 442.5	紫色土、红壤、黄棕壤等，红壤土层一般较厚，结构较好，呈酸性
陕西	安康市岚皋县	31°56′～32°32′	500～1 900	属北亚热带大陆性季风气候，温暖湿润，雨量充沛，无霜期长，日照不足，太阳辐射度偏低，垂直差异显著，光、热、水时空分布不均	15	1 000.9	253	1 610	黄棕壤，土层厚度≥50 厘米，有机质含量≥1.7%，pH 值 6～7
四川	绵阳市安州区（原安县）	31°23′～31°47′	800～2 500	属中亚热带湿润季风气候，干湿季节分明。全年气候温和，雨量充沛，日照较足	16.3	1 261	300	1 058.7	黄壤类、山地黄棕壤类等；土层厚度≥30 厘米，有机质含量≥1.8%，pH 值 6.5～7.5

（续表）

产区	代表性地区	纬度	种植海拔/米	气候特点	年均温/℃	降水量/毫米	无霜期/天	年日照/（小时/年）	土壤类型
湖北	恩施州巴东县	30°28′~31°28′	900~1 400	属亚热带季风，温暖多雨，湿热多雾，四季分明。光、热、水分布垂直差异明显	21	1 500	311	1 425	主要土壤为红壤、黄棕壤和棕壤等，pH值4.5~6.5
	十堰市竹溪县	31°31′~32°32′	276~2 740	属北区热带季风气候，四季分明，高差悬殊，光照充足，雨量适中	16	1 000	238	1 150	
贵州	六盘水市六枝特区	25°59′~26°33′	900~1 600	属亚热带季风温暖湿润气候，气候温和，夏无酷暑，冬无严寒，雨量充沛	14.5	1 476.4	291	1 252.4	黄壤类、山地黄棕壤类、红砂土类土壤类。土层厚度≥30厘米，有机质含量≥1.0%，pH值5.5~7.0
	遵义市桐梓县	28°01′~29°29′	900~1 400	属中亚热带高原季风湿润性气候，水热同季，雨量充沛，干、湿季明显	15.5	1 271.7	280	1 001.5	黄壤、石灰土、黄棕壤等土壤类，土层深厚、通透性好、有机质含量高、pH值5.5~7.5
湖南	会同县	26°46′~26°88′	200~800	属于中亚热带季风湿润性气候，无霜期长；降水较充沛，相对湿度大，蒸发量小；光能较充足，冬季偏少；立体气候明显，小气候差异大	16.7	1 282.4	300	1 630	土壤为黑沙土、黄泥土、红黄土和石渣土类型。耕层厚度≥20厘米，有机质含量≥1.8%，pH值5.5~7.0

表 4-22　曲靖与其他魔芋主产区特点与优势

产区	代表性地区	魔芋品种	采收期	特点与优势	主要障碍	品牌打造
云南曲靖	富源	花魔芋	10月底至11月下旬	地下块茎形状近球形，表皮光滑，底部稍平，芽窝较浅，黑褐色；肉质白色，干片质量好；叶片为浓绿色伞状；顶芽肥大，有粉红色鳞片包被	规模小、规范性差、加工滞后、产业链短	2015年2月10日，获批国家农产品地理标志登记保护
云南	昭通市永善县	白魔芋、花魔芋	10月底至11月下旬	球茎扁圆形或近圆形，顶端中央稍凹陷，表皮多为棕褐色，皮薄肉厚，质嫩，呈乳白色，根状茎发达，葡甘聚糖含量高，加工的芋角色白、角壮、浆质饱满、组织结构严密	种源退化、产业投入不足	2019年1月17日，获批农产品地理标志登记保护
	楚雄	花魔芋	10月底至11月下旬	魔芋颜色浅，个头中等	单品规模小、规范性差、精深加工少	
陕西	安康市岚皋县	花魔芋、珠芽黄魔芋	10月至11月下旬	表皮上半部呈暗褐色，下半部呈浅棕色或肉色，平滑饱满，皮薄肉厚，质嫩呈乳白色	重下种、轻管理，规模化程度小，品种老化，	2009年4月8日，获批地理标志产品保护
四川	绵阳市安州区（原安县）	花魔芋、白魔芋、珠芽魔芋	7—8月	魔芋块茎扁圆、个头肥硕，溶液透明度高；魔芋粉色白、颗粒匀称晶莹	优质加工品种少，加工品质不稳定，种植成本高	2010年9月13日，实施农产品地理标志登记保护。2013年11月13日，获批地理标志产品保护。2019年11月15日，入选中国农业品牌目录
湖北	恩施州巴东县	花魔芋	10月至11月下旬	个头大，品质好	适种品种相对较少、阴天多、气温低	中国魔芋之乡
	十堰市竹溪县	花魔芋、白魔芋	10月中上旬至11月中下旬	魔芋淡粉色，品质好	品种单一，种性退化，病害发生较重	

（续表）

产区	代表性地区	魔芋品种	采收期	特点与优势	主要障碍	品牌打造
贵州	六盘水市六枝特区	花魔芋	10月至11月下旬	呈近球形，叶柄深红色，表皮呈深褐色，皮薄，肉质呈乳白色，微泛红，质地脆嫩细腻，有轻微魔芋固有的鱼腥气味。干粉颗粒均匀，呈白色或微黄色	规范性低、阴雨天多，影响产量和品质	2018年3月，获批国家地理标志产品保护
	遵义市桐梓县	花魔芋、白魔芋	10月中下旬至11月上旬	球茎近圆微扁，表皮灰褐色，顶芽直立，浅粉红色，芋肉色白泛红，个头大、商品均匀	土地零星，规模化难度大；	国家地理标志产品
湖南	怀化市会同县	花魔芋	10月下旬到11月上旬	球茎呈扁圆球状，外表光亮，叶柄脱落处光滑。魔芋干制品：色白、表皮手感细腻、质地致密	品种单一、规模化程度低、产业链短	2018年3月，获批国家地理标志保护产品

四、产业布局和发展建议

围绕曲靖市魔芋种植最适宜区和适宜区、产品加工、市场流通等产业基础，以富源县为核心区布局魔芋产业带，并按“一县一业”的标准和要求建设，通过核心区建设示范带动周边县市区魔芋产业发展。

以富源县为核心区，在后所、中安、大河、营上、竹园、墨红、十八连山、典泥河等乡（镇）集中打造“富源魔芋产业带”，示范带动宣威、沾益、麒麟、罗平等县（市、区）的适宜乡镇规模化发展魔芋产业（表 4-23）。

表 4-23　曲靖市特色魔芋产业规划表

规划建设	县（市、区）	区域布局
核心区	富源县	后所、中安、大河、营上、竹园、老厂墨红、十八连山、黄泥河等乡（镇）
示范带动区	麒麟区	适宜乡（镇）
	沾益区	适宜乡（镇）
	宣威市	适宜乡（镇）
	罗平县	适宜乡（镇）

曲靖魔芋对发展林下经济和立体经济、合理配置农业资源、缓解土地利用矛盾、提高产业效益，促进山区农民脱贫致富有着重要的意义。建议加强魔芋良种研发推广，提高精深加工能力，建立质量标准，创建品牌，强化科技支撑，建立标准化生产模式，完善产业链。

第五章

曲靖市特色畜牧业和渔业发展概况

“十四五”是我国畜牧业由畜牧大国向畜牧强国转型升级的关键时期，我国畜牧业发展面临的重大历史机遇。一是国务院办公厅关于促进畜牧业高质量发展出台了一系列政策措施，为“十四五”期间畜牧业规划指明了方向。二是市场需求或面临升级。2020 年，我国 GDP 已经登上 100 万亿台阶，居民人均收入突破 1 万美元大关。我国正加快向中等发达国家目标前进，大国效应和超大规模市场优势进一步显现。《区域全面经济伙伴关系协定》签订，我国纳入全球最大区域自由贸易圈，两个消费市场联系更加紧密，城乡居民消费结构进入加速升级阶段。肉蛋奶等动物蛋白摄入量将显著增加，对优质、安全、绿色畜产品的市场空间将不断扩大。三是我国畜牧业发展内生动力持续释放。畜牧业生产主体结构持续变化，显现出明显的规模化、集约化发展趋势，新旧产能加快转换。畜牧业作为农业中社会资本投入最高的产业，随着生产进一步向规模化、集约化主体集中，资本、技术、人才等要素资源集聚效应将进一步凸显，产业发展质量提升、效率提速，空间巨大。

“十四五”期间国际国内环境仍然复杂多变，依靠国内资源环境发展畜牧业的约束日益趋紧，依靠进口调剂畜产品余额将面临更多的不稳定性和不确定性，畜牧业发展面临更多的新问题和新挑战。一是畜产品供给任务更加艰巨，猪、牛、羊等重要畜产品供给仍然会出现阶段性偏紧，价格波动较大，稳产保供压力很大。二是畜产品供给不平衡问题更加突出。区域之间发展不平衡，保供的能力不平衡，畜禽种类之间存在发展不平衡。猪禽与牛羊之间发展存在不平衡，特色畜牧业与猪禽牛羊之间发展也存在不平衡。不仅在规模、产能方面存在不平衡、不充分，在科技水平、设备装备、产品质量安全等方面也存在发展不平衡、不充分的问题。三是资源环境约束日益趋紧。养殖用地问题还没有从根本上得到解决，饲料资源短缺，蛋白饲料供给仍然不足，大豆、苜蓿对外依存度居高不下。部分地区生态环境容量已经达到极限，种养主体结合不紧密，仍然处于分离状态，种养环循环发展机制尚未形成。四是产业发展风险增多。自然风险和市场风险长期存在，重大动物疫病多发常发，特别是非洲猪瘟疫情始终没有得到稳定有效的控制，生产经营主体的生物安全和防控意识还参差不齐，猪周期困局仍然没有破解。五是国际竞争压力不断增大。受资源利用不充分，劳动生产力、畜禽生产力、资源转换力影响，国内畜牧业生产成本高、品质低，行业竞争力不强。

围绕把曲靖建成云南最优最强畜禽生产基地的总目标，坚持发挥优势、适度规模、草畜配套、农牧结合、生态循环和废污资源化利用的原则，大力发展标准化规模养殖和畜产品加工，促进畜牧业转型升级；以产业数字化、数字产业化为发展主线，以数字技术与农业农村经济深度融合为主攻方向，以数据为关键生产要素，着力建设畜牧基础数据资源体系；以大河乌猪、宣和猪、滇陆猪、罗平黄山羊、会泽火红黑山羊、师宗黑山羊、马龙深沟鸡、云岭牛等地方特色品种资源为基础，依托实力龙头企业，做大做强以宣威火腿优势品牌为核心的生猪产业，突出培育具有市场核心竞争力的肉牛羊、奶产业，兼顾发展特色肉（蛋）禽产业；创建一批国家级现代农业产业园和数字农业试点企业，打造中国一流的生猪养殖和肉制品加工中心，推进曲靖畜牧业大市向强市转变。

第一节　生猪产业

一、产业发展概况

我国生猪养殖分布比较广泛，但相对集中在粮食主产区。前十大主产省区为：四川、河南、湖南、山东、云南、湖北、广西、广东、河北、江苏。四川养殖量位居全国首位，其出栏量占全国总出栏量的10%左右。2020年，云南生猪出栏量3 453.2万头，排全国第4位。曲靖市生猪存栏量和出栏量、猪肉总产量、畜牧总产值等指标均居全省第1，优势明显。

近40年来，曲靖市生猪良种繁育体系不断完善。在生猪繁育体系建设上围绕提高种猪质量，利用引进品种和培育品种及地方猪种资源，生产优质商品猪。建立种猪“三群一网”繁育体系，一是建设完善原种猪场，加强市县猪母本核心群场和母本扩繁群场建设。二是进一步扩建县级统一供精站。三是建设了一批乡镇供精站及配种网点。品种资源方面，在传统地方特色猪品种（华中型）的基础上，成功培育出了大河乌猪（2002年11月通过国家畜禽遗传资源委员会审定、富源火腿原料猪、腌肉型）、滇陆猪（2009年2月通过国家畜禽遗传资源委员会审定、鲜肉型）、宣和猪（2018年1月通过国家畜禽遗传资源委员会审定、宣威火腿原料猪、腌肉型）3个国家级新品种猪种，占全省4个国家级培育猪种的3/4，大河乌猪和滇陆猪两个国家级种猪被评为“云南省六大名猪”。规模化养殖方面，曲靖市通过实施生猪产业“三百”工程、生猪调出大县奖励项目、生猪标准化养殖小区（场）改扩建项目、生猪良种补贴、能繁母猪保险、标准化养殖示范场（小区）创建等项目建设，标准规模化养殖水平不断提高，规模养殖已逐步成为肉猪产品市场供应的主要力量；目前，全市除马龙区外，8个县（市、区）先后被列为全国生猪调出大县，占全省22个生猪调出大县的36.36%。2017年3月，云南省农业厅将曲靖市命名为云南省生猪调出大市。近年来，曲靖市先后引进了重庆德康集团、云南神农集团、广东温氏食品集团股份有限公司、昆明正大公司、双胞胎集团等国内大型养殖企业助推曲靖市畜牧产业转型升级。

截至2020年，云南省生猪规模场数量在50个以上的县市有29个，其中，宣威市最高达到1 035个，第2名陆良县289个。曲靖市生猪规模场数量达到2 038个，全省排名第1，占全省33.2%，比年初增加744个，规模场增幅也是全省第1位；已创建国家、省、市级生猪标准化示范场76个，其中国家级畜禽标准化示范场16个、省级示范场17个、市级示范场43个；全市有36个屠宰厂，并初步形成以“宣威火腿”为主的北部腌肉型肉猪加工片区（会泽、宣威和富源县）和以鲜肉型肉猪加工为主的中—南部片区布局［陆良、师宗、罗平、麒麟、沾益和马龙县（区）。2020年全市生猪出栏877.25万头，猪肉总产量75.17万吨。

二、发展方向

根据不同地区的特色猪品种资源、饲料资源禀赋、特色产品品牌、产品市场定位等基础以及养殖传统、环境承受能力等情况，以生态红线为基准，按照突出曲靖特色，发挥比较优势，加大已经拥有自主产权优良猪种资源的开发利用力度，加快标准化规模养殖，提高产业核心竞争力的原则，突出抓好畜禽良种繁育、标准化规模养殖、畜禽资源保护、技术推广、动物疫病防控、畜产品质量安全，提高科学养畜水平，优化畜牧业结构，逐步改变小、散、乱的生产格局，因地制宜地发展标准化适度规模养殖，着力提高产品加工水平，积极开拓省外、国外市场，加快畜牧业生产方式转变。其中，北部片区（会泽、宣威和富源），依托宣威火腿和富源火腿品牌优势，大力发展以宣和猪、大河乌猪腌肉型品种为主的标准化适度规模养殖与加工基地，打造中国一流的生猪养殖和著名猪肉制品加工中心；中—南部片区（沾益、麒麟、马龙、陆良、师宗和罗平），发展以滇陆猪和三元杂肉猪为主的生猪养殖及屠宰加工基地，打造云南最大最强的养殖及鲜肉加工基地。力争创建国家级“现代农业产业园”1个。

坚持标准化、规模化集群发展，快速提升生猪养殖规模化水平，构建现代生猪产业化体系，促进产业转型升级。到2025年，建成集“科技创新、种源繁育、标准化养殖、肉类精深加工、交易集散、冷链物流”于一体云南领先、国内一流的生猪产业基地，畜禽规模养殖由2018年的46%提高到60%，培育畜产品加工企业达37个、畜产品加工量50万吨。力争出栏生猪1 130万头，肉类产量96.3万吨，畜业总产值达313亿元，畜产品加工产值达688亿元，综合产值达1 000亿元以上。

三、产业特点和比较优势

中国是世界上最大的猪肉生产国与进口国，2020年世界猪肉总产量比2019年下降了4.02%，主要原因是中国的生猪产能下滑。2020年中国猪肉进口量为480万吨，比2019年上升了95.84%；占全球进口总量的46.31%。2009—2018年，中国猪肉产量、年末生猪存栏数和生猪出栏数量较为平稳，波动较小。2018年8月3日，中国确诊首例非洲猪瘟，生猪产业遭到重创。作为世界第一大生猪生产国和消费国，中国生猪产业面临价格波动幅度大，生产成本高，育种、疫苗、养殖、加工等产业链各环节之间不匹配、疾病风险高等问题。据《中国统计年鉴2021》显示，2020年，全国肉猪出栏52 704.1万头，猪年底数40 650.4万头，猪肉产量4 113.3万吨；云南生猪存栏3 120.4万头，猪肉产量291.6万吨，生猪存栏、猪肉产量在全国均排名第4位。

据《云南统计年鉴2021》显示，2020年云南年出栏生猪前4的地州是曲靖市、红河州、保山市和昭通市4个州（市）出栏1 816.76万头，占全省52.31%，其中，曲靖市出栏877.25万头，占全省25.4%；通过多年的发展，形成了曲靖市、红河州、保山市和昭通市等州市为主的生猪主产区，生猪生产区域优势明显。曲靖是云南省生猪调出大市，全市生猪出栏常年占全省的1/4以上，常年调出省外生猪达600万头左右，9个县（市、区）中，就有8个是国家生猪调出大县，培育出的宣和猪是我国第一个火腿专用原料猪新品种。近年来，在政府的强势推动和市场的有力引导下，生猪产业迅速发展，神农集团、德康集团、双胞胎集团、温氏集团等 10 家大型生猪养殖企业落户曲靖 8 个县（市、区），并得到快速扩张，据《曲靖年鉴 2021》显示，2020 年年底，曲靖市备案的生猪规模化养殖场 2 038 个，占全省 33.2%，比年初增加 744 个，规模场数量及增幅均排全省第 1 位（表 5-1）。

表 5-1　2020 年曲靖与省内生猪主产区生产情况比较

地州市	生猪存栏/万头		能繁母猪存栏/万头		生猪出栏/万头		猪肉产量/万吨	
	绝对数	位次	绝对数	位次	绝对数	位次	绝对数	位次
全省	3 320		301		4 192		360.4	
曲靖市	805	1	74	1	1 115	1	94.55	1
红河州	311	2	28	2	399	4	35.04	2
昭通市	308	3	24	4	378	8	33.25	3
保山市	306	4	28	3	396	6	33.20	4
大理州	243	5	22	5	303	3	27.61	5
临沧市	234	6	21	6	283	9	24.58	6
楚雄州	225	7	21	7	256	5	22.97	7
普洱市	201	8	20	8	233	10	18.58	9

数据来源：《云南统计年鉴 2021》《2020 年云南生猪产业发展报告》。

四、产业布局

以建设高起点、高标准、高规格的宣威火腿产业园区为重点，在宣威、会泽、富源等北部片区布局以腌肉型肉猪为主的标准化养殖、加工基地，突出火腿生产与精深加工及生猪—火腿产业物流体系建设，打造和提升“中国名腿之乡”；以大型生猪养殖企业为依托，在麒麟、沾益、马龙、陆良、师宗、罗平等中—南部片区布局鲜肉型肉猪为重点的生猪标准化养殖和加工基地突出鲜冷却肉及其肉产品系列加工。重点在沾益区、陆良县、罗平县、会泽县和宣威市分别建设年屠宰加工 10 万头生产线，使曲靖市形成腌肉型和鲜肉型 2 个发展方向的生猪产业区域格局。

依托于明显的生猪生产区域优势，进一步完善生猪产业政策支持体系，配套建设生猪及其制品的现代化流通体系，打造生猪养殖紧密利益联结机制，加大生猪产业金融保险支持力度，稳定生产者市场预期和养殖信心，政策支持向生猪产业质量效益及竞争力等关键环节倾斜。鼓励创新发展“公司+家庭农场”“公司+合作社”“公司+农户”等多种经营模式，保障中小养殖场户特别是传统养殖（户）切身利益。

第二节　肉牛产业

一、产业发展概况

云南是全国养牛大省之一和中国南方肉牛优势产区，肉牛业在云南畜牧业中占有重要地位，是畜牧业结构调整的方向和重点，也是山区人民脱贫致富的重要产业之一。云南有中国唯一适应热带亚热带气候并且能够生产高档雪花牛肉的云岭牛和15个具有地方特色的肉牛品种优势，拥有丰富的草料资源和牛种资源，肉牛业的发展潜力很大。

作为云南肉牛产业的重要组成部分，曲靖市草地资源丰富，养殖基础较好，马龙区、会泽县被列为云南绿色有机肉牛生产基地县。会泽县和马龙区也是云南肉牛养殖技术水平和生产水平最高的地区之一，其中、仅会泽县目前肉牛年出栏就达到15万头。但曲靖肉牛产业还存在生产水平低、规模化程度低、深加工比重低、名牌产品少、产业链不完整等制约产业发展的瓶颈。近年来曲靖市积极探索，抓住饲草饲料资源丰富的优势，在全省率先试点探索出政府扶持引导、合作社示范带动的“牛源体系模式”。通过规模化聚群发展，目前已建成百头肉牛养殖场50个。马龙双友牧业已建成10万头屠宰线，并投入生产。

截至2020年，全市备案登记的肉牛养殖场（小区）达269户（场）。规模化养殖场（小区）268个，其中年饲养50头以上规模养殖场（小区）232个；2020年全市出栏61.78万头，肉类总产8.55万吨，综合总产值达164.84亿元，其中一产产值59.37亿元，二产产值49.75亿元，三产产值55.72亿元。

二、发展方向

充分发挥曲靖市肉牛生产资源禀赋，结合“牛源体系”建设、肉牛产业三年行动，按照以养带种、以种促养原则，配套发展青饲料生产基地，配合肉牛产业发展，以大力发展青饲料玉米种植。加大标准化规模养殖场（小区）建设，加强草畜配套，推进肉牛标准规模养殖，强化肉牛精深加工与冷链物流，将曲靖市打造成云南省最大的牛源繁殖基地和肉牛生产基地。力争创建省级“现代农业产业园”1个。

到2025年，“牛源体系模式”进一步完善，标准化规模养殖水平不断提高，以马龙区为核心的现代肉牛养殖与加工示范园区进一步完善与提升并经济效益显现。规模养殖提高到60%以上，培育肉牛屠宰与产品加工企业（个）、屠宰与加工产能（万头）。全市力争年出栏肉牛76万头，牛肉类产量9.5万吨，肉牛养殖产值达60.8亿元，畜产品加工产值达133.5亿元。

三、产业特点和比较优势

牛肉营养价值高，具有高蛋白、低脂肪等特点，在国内居民肉类消费中占据重要的地位。中国是仅次于美国、巴西的第3大牛肉生产国，2007年以来，国内牛肉的产量一直维持在600万吨以上。2010—2016年间国内肉牛的存栏量不断增长，2016年年末国内肉牛存栏量为7 441万头，比2010年增加702.1万头，增幅10.42%，年均复合增长率为1.67%。2017年存栏量大幅下降，主要是由于犊牛和育肥牛价格倒挂，肉牛养殖成本不断增加，同时养牛业遭遇环保压力不断增大，使得多数养殖户处于压缩或停止进一步扩大养殖规模的状态，且小规模养殖户陆续退出行业。2019年由于非洲猪瘟疫情影响，国内肉类供给缺口增大，对牛肉需求增加，肉牛养殖利润增长较多，激发了行业养殖热情，年末存栏量有所增长。据《中国统计年鉴2021》，2020年年末，全国牛存栏量9 562.1万头，牛肉产量672.4万吨。牛肉含有较为丰富蛋白质和氨基酸，容易被人体吸收利用，营养价值功能被国人所认可，另外，国内经济水平的快速增长是牛肉消费需求增长的主要驱动力，新兴的中产阶级和快速的城市化极大增加了牛肉消费。近10年消费者对于牛肉消费的认知水平和品牌意识也有所增强。

云南具有发展绿色肉牛养殖及其产品生产得天独厚的自然优势，有做大做强肉牛产业的区位优势和消费者市场，有中国唯一适应热带亚热带气候并且能够生产高档雪花牛肉的云岭牛和6个具有地方特色的肉牛品种优势。据《云南统计年鉴2021》显示，2020年，云南省肉牛存栏858.78万头、出栏335.9万头、肉产量40.9万吨，肉牛存栏、出栏及肉产量同比增长3.73%、2.91%和4.95%，肉牛产业一产产值455.91亿元。

云南省肉牛养殖向饲草资源相对丰富的地方形成产业集群，重点在昆明、曲靖、保山、昭通、普洱、楚雄、红河、文山、德宏等州（市）逐步形成肉牛发展的优势区域。但云南目前肉牛养殖仍以“千家万户”的散养模式为主，生产方式粗放，标准化规模养殖程度低，年出栏1~9头肉牛的养殖户数量占总户数的97%以上。近年来尽管肉牛养殖规模化水平不断提高，但小规模养殖户仍然是肉牛供给的主体。曲靖市具备发展草食型牛羊产业的优越自然条件，共有1 394万亩灌木丛和天然草地可开发利用，每年有450万吨秸秆资源可通过青贮、氨化转化为饲料，加之群众养殖积极性高，畜牧科技服务体系健全，通过加大对肉牛羊产业的扶持力度，目前，全市已建成肉牛养殖小区（场）448个、肉羊养殖小区（场）356个、牛冻精改良站（点）91个。曲靖是云南省的肉牛养殖大市，肉牛存出栏量、牛肉产量等主要生产指标长期居全省前列，2020年，曲靖市肉牛综合产值164.84亿元，排在全省第1位（表5-2）。

表5-2　2020年曲靖与省内牛主产区产能比较

地州市	牛存栏/万头		牛出栏/万头		牛肉产量/万吨	
	绝对数	位次	绝对数	位次	绝对数	位次
全省	871		345		42	
曲靖市	123	1	63	1	8.62	1
文山州	113	2	49	2	4.95	3
红河州	103	3	38	4	4.68	4
大理州	87	4	41	3	5.02	2
楚雄州	69	5	23	5	3.31	5
保山市	67	6	23	6	2.87	6
临沧市	56	7	16	9	1.80	9
普洱市	55	8	14	10	1.51	11

数据来源：《云南统计年鉴2021》。

四、产业布局

以山区、半山区为重点，结合草料资源特点，大力推广利用青贮玉米、秸秆、农产品下脚料和“粮（经）—草—畜”三元结构，科学布局标准化规模肉牛繁育基地和育肥养殖基地。重点以会泽为核心布局和建设22万头的肉牛标准化养殖基地，以马龙区为“云岭牛”核心繁育基地与现代肉牛养殖—加工—物流示范园区，示范带动宣威、富源、马龙、罗平、师宗、陆良、麒麟和沾益肉牛标准化和规模化肉牛养殖，年出栏达75.5万头以上，力争将曲靖市打造成中国最强最优的“云岭牛”牛源繁殖基地和云南省最大的肉牛生产基地。同时，加大屠宰和加工，延伸产业链，重点以马龙双友牧业10万头屠宰及精深加工产能为引领，进一步完善设施设备，加大以加工企业为主的培育和引进，加强科技创新，建设和打造西南最大的肉牛加工和物流园区。

充分利用作为云南省肉牛优势特色产业集群项目区的优势，以肉牛产业高质量发展为主线，进一步加强肉牛养殖、屠宰加工、品牌培育等环节融合程度。依靠科技，健全良种繁育推体系，提高单位牛肉产量增加牛肉产值。通过加强技术和管理人才，加强冻精网点建设，进一步稳定基层冻改人员，不断提高肉牛养殖规模化水平。在“做大基地、做深加工、做强龙头、做优品牌、做活市场”上持续发力，大力推进肉牛“种、养、加、销”全产业链发展，不断做大、做强、做优肉牛产业。

第三节　肉羊产业

一、产业发展概况

近年来，肉羊产业已成为云南畜牧业发展的重要产业和农村增加经济收入的亮点产业，是农民增收的重要来源。云南特殊的地理环境，肉羊品种资源丰富，并形成了一批具有不同生产性能、较强适应性、肉质独特的地方品种。曲靖市土地资源广阔，独具特色的立体气候，适宜各种作物、牧草和肉羊的生存繁衍，“罗平黄山羊”获农产品地理标志登记保护。

截至2020年，全市备案登记的肉羊养殖场（小区）达183户（场）。规模化养殖场（小区）182个，其中年饲养100只以上规模养殖场（小区）167个；2020年全市羊存栏286.30万只，出栏277.94万只，羊肉产量5.41万吨。

二、发展方向

以“会泽黑山羊”“罗平黄山羊”等地方品种资源为基础，引进云南省自己培育的优良品种——“云上黑山羊”“云南半细毛羊”和国外优质品种波尔山羊、杜泊羊等，建立和完善品种繁育基地（场），保障良种供给。加大标准化规模养殖场（小区）建设，加强草畜配套、疫病防控和环境保护。大力培育与引进加工企业，建立养殖与加工的合作模式，将曲靖市打造成云南省最大的肉羊生产基地。

到 2025 年，以提升肉羊标准化规模养殖水平和草料建设为保障，强化肉羊屠宰与加工及冷链物流建设为抓手，实现全市肉羊综合生产能力得到大幅度提高。肉羊产业布局更加合理，肉羊养殖组织化和规模化程度明显提高，规模养殖户参与肉羊产业相关的专业合作组织的比重达到 50%以上；建立完善的地方良种保护与利用体系，健全良种繁育体系，种羊供应能力基本满足生产需求，重点产区杂交改良覆盖率达到 60%，平均胴体重达到 14 公斤；初步建成包括良种繁育、饲草饲料供给、标准化饲养、疫病防控、加工、营销等在内的完整产业链。全市力争出栏肉羊 306 万只，羊肉产量 5.9 吨，产值达 42 亿元，畜产品加工产值达 92.4 亿元。

三、产业特点和比较优势

我国是养羊大国，羊存栏量、出栏量、肉产量均居世界首位。长期以来，我国羊产业以羊毛生产为主，直到 20 世纪 80 年代才逐渐由毛用为主向肉用为主转变。中国拥有最丰富的羊品种，但由于农业生产的长期影响、养殖过程中不可控风险的存在以及没有相关配套产业的协同助力，中国肉羊养殖的发展一直受到阻碍，起步晚、产量低、孤立式发展成为我国肉羊产业持续发展的绊脚石。近年来，中国肉羊产业发展迅速，羊肉产量持续增长，生产区域布局也进一步向优势产区集中。自 2017 年下半年以来，我国活羊和羊肉价格一路高涨，肉羊产业进入新的发展周期。受新冠疫情影响，2020 年我国肉羊产业各环节生产经营主体扩大再生产的积极性受挫。但由于居民消费转型，牛羊肉的需求不断增加，加之受非洲猪瘟影响生猪产能尚未完全恢复，羊肉替代需求较为旺盛，且国家陆续出台一系列保障和促进畜牧业产业发展的政策，2020 年 5 月之后肉羊企业基本复工复产，下半年生产步伐持续加快，全年肉羊产业发展整体趋好。近 2 年羊价持续走高一定程度上反映出我国羊肉市场供给的增长未能跟上消费需求的增长步伐，羊肉市场整体供给偏紧。据中国统计年鉴 2021，2020 年底，全国羊只数 30 654. 8 万只，羊肉产量 492. 3 万吨。云南肉羊存栏 1 350. 7 万只、出栏 1 177. 5 万只，肉产量 20. 77 万吨，羊存栏、出栏均居全国第 8 位。未来，充分发挥各地区肉羊生产优势，科学合理地建设肉羊生产优势区域已成为我国肉羊产业发展的重要方向。

近年来，在市场经济和产业发展推动下，肉羊产业不断转型升级，规模化、标准化水平显著提升，并呈现出饲养规模不断扩大的态势。云南省的 16 个州（市）均有肉羊生产，但肉羊生产在各州市间存在较大差异，全省肉羊养殖以农户小规模分散饲养为主。2008 年以来，云南省肉羊存栏量、出栏量和羊肉产量均呈现出不断增加的态势，增速快于全国，但占全国的比重依然偏小。消费者对黑山羊羊肉、羊乳产品的偏好形成了云南羊产业独特的市场优势，曲靖以本地黄山羊、黑山羊为特色的肉羊得到大力发展。近年来，随着会泽黑山羊知名度的不断提升，市场需求量不断扩大，肉羊产业一直保持强劲发展势头，曲靖会泽县已经发展成为云南省第一肉羊养殖大县（表 5-3）。

表 5-3　2020 年曲靖与省内羊肉主产区产能比较

地州市	羊肉存栏/万头		羊肉出栏/万头		羊肉产量/万吨	
	绝对数	位次	绝对数	位次	绝对数	位次
全省	1 362		1 195		21. 1	
曲靖市	294	1	285	1	5. 51	1
楚雄州	175	2	127	3	2. 13	3
大理州	152	3	178	2	2. 97	2
昆明市	122	4	104	4	1. 73	4
红河州	121	5	98	5	1. 67	5
丽江市	108	6	70	6	1. 04	7
临沧市	73	7	51	10	0. 81	10
昭通市	68	8	57	8	0. 98	9

数据来源：《云南统计年鉴 2021》。

四、产业布局

以会泽、师宗和罗平为核心，宣威、沾益、富源、陆良、马龙和麒麟为示范带动区，布局年出栏 305.8 万头的肉羊养殖标准化、规模化养殖基地，力争将曲靖市打造成云南省最强的肉羊生产基地。

曲靖作为云上黑山羊、黄山羊主产区，充分发挥肉羊的品种优势，加大商业化推广力度。以市场需求为导向，以绿色发展为引领，加大养殖规模化，创新推动组织化生产经营，延长产业链条，构建高效益养殖生产体系，促进产业发展壮大。发展全株青贮玉米、紫花苜蓿等优质饲草料生产和经济作物副产物开发利用，稳步提高饲草自给率。鼓励引导饲料生产企业应用低蛋白日粮，调整优化饲料配方结构，促进玉米、豆粕的减量替代，培育在全国具有竞争力的饲料企业和全产业链企业。

第四节　肉禽产业

一、产业发展概况

家禽业是畜牧业的主要产业结构，是城乡居民禽肉、蛋品的重要来源。改革开放以来，我国肉禽行业得到长足发展，形成了从上游的种禽培育与商品代养殖，中游的屠宰与加工，再到下游的食品生产的完整的产业体系。云南肉禽产业发展在全国排中下游水平，但特色突出，尤其以“六大名鸡”（盐津乌骨鸡、普洱瓢鸡、西双版纳茶花鸡、武定鸡、无量山乌骨鸡、大围山微型鸡）开发优势明显。

近年来，曲靖家禽产业地位稳步提升，禽规模化养殖呈现高速增长，规模养殖已成为禽肉、蛋产品市场供应的主要来源，家禽产业逐步向优势区域集中，初步呈现集约化经营、专业化生产的格局，有力支撑区域畜禽产业发展，马龙“深沟鸡”获农业部农产品地理标志登记保护。

截至 2018 年，全市备案登记的肉禽养殖场（小区）达 548 户（场）。规模化养殖场（小区）281 个，其中年出栏 10 000 只以上规模养殖场（小区）264 个；2020 年全市出栏 3 168.31 万只，禽肉类总产 7.67 万吨。

二、发展方向

坚持“增加总量、提高质量、突出特色、择优发展”的方针，稳定发展家禽生产。突出“马龙深沟鸡”等地方品种，大力发展肉鸡产业，兼顾推进蛋禽和水禽养殖。推广标准化规模和生态循环养殖，大力发展林下和山地养殖及种养结合模式，着力培育和提升禽产品加工能力，完善产业链，提高产业综合效益，打造云南重要的肉禽生产基地。

到 2025 年，家禽标准化规模养殖水平进一步提升。蛋鸡规模养殖比重达到 90% 以上，肉禽规模养殖比重达到 55% 以上，规模化养殖场（小区）病死鸡、粪污的无害化处理设施覆盖面达到 90% 以上。力争出栏 3 293 万羽，禽肉产量 7. 1 吨，产值达 18. 7 亿元，禽产品加工产值达 41. 1 亿元。

三、产业特点和比较优势

鸡肉富含蛋白质，因质优价廉一直深受消费者喜爱。在我国，鸡肉约占禽肉产量的 60%，是仅次于猪肉的第二大肉类产品。我国的肉鸡产量结构为白羽肉鸡、黄羽肉鸡、淘汰蛋鸡、小型肉鸡。白羽肉鸡养殖主要集中在北方地区，黄羽肉鸡集中在南方。近年来，受引种量下降、消费升级等因素影响，白羽肉鸡产量逐渐缩减，黄羽肉鸡产量不断增长。2020 年，我国已经成为仅次于美国的全球第 2 大鸡肉生产国。在畜禽标准化规模养殖政策的推动下，我国畜禽规模化养殖水平不断提高，肉鸡规模养殖远高于生猪、奶牛的规模化程度。近年来，我国禽肉消费整体呈稳步增长态势，消费量居全球第 2 位。我国鸡肉消费总量大，但人均消费量与世界鸡肉消费大国相比仍存在较大差距，资料显示，我国年人均鸡肉消费量不足 10 千克，而美国、巴西超过 40 千克，因此国内消费增长潜力很大。云南省肉鸡产业起步于 20 世纪 70 年代，经过不断发展，饲养量逐年增加。肉鸡专业化、规模化、自动化、标准化、生态化养殖已经成为云南省家禽产业的发展方向。国家统计局数据显示，2020 年，中国家禽存栏量为 67. 8 亿只，出栏 155. 7 亿只，禽肉产量 2 361 万吨；云南家禽存栏 19 148 万只、出栏 34 509 万只，肉产量 63. 2 万吨。

肉鸡产业是我国畜牧业重点发展产业之一，在各个地区之间发展水平存在着明显差异，我国肉鸡饲养区域十分广泛，除西藏、甘肃、青海等地肉鸡饲养量相对较少外，其他省（市、区）均有不同规模的肉鸡养殖。近年，我国肉鸡规模化生产发展迅速，中大型规模的肉鸡饲养已成为我国肉鸡规模饲养的主要模式。作为全国重要家禽养殖基地，云南地方家禽品种优势突出，具有肉质好、耐粗饲、养殖适应性好、抗逆性强等特点，地方种群发展多元化、多样化明显，曲靖深沟鸡 2010 年就获得国家地理标志登记保护农产品登记。然而，养殖不规范、基础薄弱、种质瓶颈问题突出、市场竞争力不强等制约因素依旧明显，云南家禽行业整体发展水平偏低。

表 5-4　2020 年曲靖与省内家禽主产区产能比较

地州市	家禽存栏/万只		家禽出栏/万只		禽肉产量/万吨		禽蛋产量/万吨	
	绝对数	位次	绝对数	位次	绝对数	位次	绝对数	位次
全省	19 148		34 509		63.2		41.7	
红河州	3 168	1	6 013	2	10.16	2	9.18	1
昆明市	2 586	2	6 389	1	11.12	1	5.76	4
大理州	1 933	3	2 638	5	5.22	5	6.88	3
玉溪市	1 748	4	3 515	3	7.63	3	7.61	2
普洱市	1 498	5	1 844	9	2.62	10	1.11	9
曲靖市	1 447	6	3 317	4	7.48	4	3.77	5
临沧市	1 338	7	2 282	6	3.42	6	0.70	11
楚雄州	1 198	8	1 941	7	3.30	8	0.96	10

数据来源：《云南统计年鉴 2021》。

四、产业布局

以发展规模化养殖为导向，以麒麟、沾益、陆良、会泽、宣威为重点，规模化养殖 2 300 万只，示范带动富源、马龙、师宗、罗平适宜区域布局和发展。肉禽发展中以本地品种和黄羽肉鸡为主，引进优良品种，整体推进，作为曲靖市家禽养殖的有力补充。

进一步发掘地方鸡品种利用，发展适度规模养殖，加大养殖设施设备的投入和升级改造，特别是加大环境控制设备、粪污处理设施、饮水设备和自动喂料设备等的建设和投入，降低人工成本。从养殖环节入手，努力把肉鸡质量安全可能存在的风险管控到位。规范肉鸡产业中各相关生产经营行为，将陆良、会泽、沾益打造为云南肉禽主产区。

第五节　奶产业

一、产业发展概况

当前，云南奶产业已呈现出现代化、规模化发展，良好的生态环境造就了云南奶的独特品质和风味。曲靖冬无严寒，夏无酷暑，最适合荷斯坦奶牛、奶肉兼用型西门塔尔牛、奶水牛的发展。近年来，以陆良县为核心的奶产业发展迅速，尤其以奶山羊特色突出，奶山羊的滚动发展由户联成村、村联成镇，其中，陆良县大莫古镇的养殖占到全县85%，规模和产量位居全省、全市第1，成为了当地农民鼓起钱袋子的特色产业。据初步统计，仅陆良县奶山羊养殖户近3 000户，存栏超12万只，年生产羊乳及其制品9 000余吨，产品销往省内外，户均收入10万元以上。曲靖认真贯彻落实云南省打造世界一流“绿色食品牌”决策部署，培育引进了一批特色明显、优势突出、潜力巨大的高原特色农业项目与企业，蒙牛集团作为中国领先乳制品供应商携手曲靖，共同建设蒙牛集团西南高原特色奶业全产业链项目，合力打造一二三产业融合发展的示范区，将带动云南乳业制品产业链集群发展，并将为曲靖高原特色农业发展注入新的动力。

截至2020年，全市备案登记的奶牛养殖（小区）3户（场），全市奶牛存栏0.37万头，奶山羊存栏15.3万只，奶类总产量2.34万吨，奶类总产值1.05亿元。

二、发展方向

以市场为导向，以良种为基础，以质量安全为核心，以促进产业链各环节协调发展为根本，以产业化经营为纽带，以科技进步为动力，转变发展方式，强化奶源基地建设，夯实奶业基础，强化乳品质量安全监管，加快建设现代奶业，实现生产标准化、经营集约化、产品优质化、产业现代化的目标，满足城乡居民日益增长的乳品消费需求。抓住曲靖属于云南滇中奶业带布局的机遇，以奶牛为主，辅之以特色奶山羊，引进实力经营主体，培育壮大现有合作社等，加强标准化规模养殖和乳产品加工体系建设，培育奶产业核心竞争力，促进曲靖奶业提质增效和转型升级，打造云南奶业新增长极。

到2025年，奶畜标准化规模养殖水平进一步提升，粗饲料质量显著提高，青饲料和精料补充料保障供给，奶山羊发展取得更大的突破，以陆良县为核心的奶产业园完全建成，并有效运行。通过5年的持续发展，确保奶业总量扩增、水平提高、质量改善和竞争力增强；实现生产方式、增长方式和组织方式转变、提高生产组织化程度、培育壮大龙头企业、提升市场竞争能力、增强科技创新能力，加强养殖环境保护和资源综合利用、培育高原特色奶源基地；在云南省率先完成奶业现代化改造，为最终将曲靖市奶业建成区域主导产业之一，实现畜牧业现代化奠定坚实基础。打造国内一流、西南领先、云南第一的优质奶业生产与加工基地，创建为“云南乳都”。

到2025年，争取培育出1~3个具有较强国际竞争力的民族乳品企业；年加工奶量达20万吨以上。全市奶牛存栏达3万头，奶山羊存栏35万只，年产奶量25万吨，奶产值达25.3亿元，奶制品加工产值达55.7亿元。

三、产业特点和比较优势

奶业是我国畜牧业的重要组成部分。近年来，奶牛生产规模和单产水平不断提升，但受资源环境制约，生产成本高、国际竞争力不强等问题，奶牛养殖成本与奶业发达国家差距进一步拉大。同时，我国奶业在种源、饲草料、养殖管理等方面仍存不足，奶业国际竞争力将长期处于弱势地位。在进口奶的冲击下，我国奶源自给率已连续多年跌破70%的安全自给红线。据《2021中国奶业质量报告》显示，2020年，奶业生产持续增长，乳品质量持续保持较高水平，规模养殖比例进一步提升，全产业链素质稳步提升，国际竞争力逐步增强。全国奶类产量3 530万吨，同比增长7.0%；乳制品产量2 780万吨，同比增长2.8%，近三年乳品产量稳步提升。全国存栏100头以上规模养殖比重达到67.2%，同比提高3.2个百分点。奶牛单产8.3吨，同比增长0.5吨；规模牧场100%实现机械化挤奶，95%配备全混合日粮（TMR）搅拌车。改革开放以来，云南省奶业进入了快速增长阶段。饲养规模不断扩大，加工能力明显增强，奶类产量持续增长，乳品消费稳步提高，成为农业和农村经济发展新的增长点，对丰富城乡市场、优化农业结构、增加农民收入做出了重要贡献。

云南省具有悠久的奶牛饲养历史，气候条件适合牧草生长可保证全年供应，并且良好的生态环境有利于优质原料奶的生产形成，多元化奶源格局已达到初级形态。曲靖市根据现代农业化发展要求，在陆良县引入蒙牛集团，打造集种植、养殖、生产加工、观光为一体的乳业全产业链项目。随着蒙牛乳业33万吨乳制品、李子园食品7万吨含乳饮料等项目建成投产，将有力推动曲靖奶业转型升级。

表5-5　2020年曲靖与省内牛奶主产区产能比较

项目	全省	大理州	昆明市	红河州	曲靖市	迪庆州	玉溪市	保山市	文山州
牛奶产量/万吨	68.4	33.70	16.39	8.85	4.87	1.78	0.94	0.78	0.47
位次		1	2	3	4	5	6	7	8

数据来源：《云南统计年鉴2021》。

四、产业布局

以标准化规模养殖为基础，优化产业内部结构，以生态循环养殖模式为主导，以陆良县(小百户、芳华、板桥、大莫古镇等)为核心，辐射带动马龙区（大庄、纳章、马鸣、月望等）麒麟、沾益等区域发展奶产业。

针对曲靖奶业优势突出不明显的实际情况，持续加强优质饲草料种植，发展标准化规模养殖，强化质量安全监管，在保证产品质量安全和生产效率的前提下扩大规模养殖，养殖户提高资源利用效率和环境效益，确保未来牛奶生产的可持续。

第六节　渔业

发挥曲靖市水资源丰富的优势，以建设云南重要水产品生产基地为目标，以生态保护为前提，效益为中心，以深化渔业供给侧结构性改革为主线，以外向型渔业为重点，优化区域布局，调整养殖结构，强化水产品加工，拓展休闲功能，推进生产方式转型升级，实现提质增效、减量增收、绿色发展。

一、产业发展概况

曲靖市地处珠江、长江两大水系分水岭地带，河流密布、水系发达，流域面积 19 474. 66 千米^2，100 千米^2 以上的河流有 80 多条，适宜发展稻田养殖的稻田、秧田 50 余万亩；鱼类品种资源丰富，现有鱼类 98 种（土著鱼 72 种)，其中不乏肉味鲜美，经济价值颇高，人工驯养繁殖成功的裂腹鱼、金线鲃等特有土著鱼类，渔业发展基础良好，养殖历史悠久，养殖经验丰富，渔业发展空间较大。曲靖市是云南省重要的水产品生产基地。养殖模式主要分池塘养殖、水库养殖、河沟养殖和稻田养殖。池塘养殖以精养为主，养殖品种包括青鱼、草鱼、鲢鱼、鳙鱼、鲤鱼、鲫鱼、鳊鲂、泥鳅、鲶鱼、鮰鱼、黄颡鱼、鳟鱼、长吻鮠、黄鳝、鳜鱼、银鱼、鲈鱼、乌鳢、罗非鱼、鲟鱼等数十种经济鱼类。裂腹鱼、金线鲃等品种为国家和省级重点水生保护动物。经过多年的发展，全市基本形成优质冷水鱼养殖板块，城郊休闲渔业基地和特色渔业集群。同时池塘工程化循环水设施渔业，稻田综合种养等发展迅速。

2020 年，养殖面积 16.27 万亩，其中：池塘养殖 7.11 万亩，水库养殖 8.81 万亩，稻田养殖 7.89 万亩，河沟养殖 0.35 万亩；平均单产 498 千克/亩，其中，池塘平均单产 960 千克/亩，水库平均单产 294 千克/亩，河沟平均单产 294 千克/亩，稻田养鱼 42 千克/亩。养殖总产量达 11.1 万吨，养殖面积约占全省的 1/12；渔业产值达 19.8 亿元（行业数），产量、产值均分别占全省的 11.7%、19.33%；渔业工业和建筑业产值 3.6 亿元，渔业旅游和服务业产值 6.6 亿元；累计培育发展家庭渔场和养殖大户 230 个、专业合作社 41 个、流通和经销大户 135 户，全市现有水产品加工企业 3 户。

二、发展方向

以高效、优质、生态、安全为目标，以转变渔业发展方式为主线，以市场为导向、科技为支撑、坚持“生态优先、养捕结合”的方针，按照“调结构、兴养殖、强加工、活三产、护生态”的发展思路，以外向型渔业为重点，优化区域布局、夯实产业基础，强化水产品加工，拓展渔业休闲功能，做优做特渔业，逐步实现生态良好、装备先进、产品优质、多元协同、渔民增收的发展新格局。

着力推进“一增一减两提高”工程（即：增加稻田综合种养规模，减少水库养殖产量，努力提高渔业专用塘精养品质和经济效益），深化渔业供给侧结构性改革。强化以鲜活渔产品的储运和以鲟鱼子酱为主的精深加工。结合奶业文化和多样的民族习俗，打造一批以生态养殖为依托，旅游观光、休闲垂钓、餐饮服务于一体的现代渔业产业园，促进天然渔场建设与增殖放流等资源养护措施紧密结合。到 2025 年，水产养殖总面积达 34 万亩，其中，水面养殖 15 万亩，稻田养殖 19 万亩。培育市级以上龙头企业 11 个，打造专业村 3 个，累计产品认证 36 个，产品认证面积达 2.6 万亩；建成各级休闲渔业示范基地 300 家，养殖产量达到 12.5 万吨，渔业产值达到 22 亿元。

三、产业特点和比较优势

新中国成立至今，渔业发展取得了巨大成就。渔业产值在农业总产值中的份额由建国之初的 0.3%提升至 2020 年的 10%左右。随着我国经济水平不断提升，居民生活水平得以改善，人们逐渐加大了对高蛋白、低脂肪的优质食品需求，使得我国水产养殖业逐步发展成为国家渔业的主要产业之一。我国是世界第1水产养殖大国，水产养殖产量连续33年位居全球首位，近20多年来，我国水产养殖产量占世界养殖产量的2/3左右，为我国人民提供了1/3以上的动物蛋白来源。目前我国渔业发展和水产品供给的总体形势已经从数量方面的供不应求逐步转变到重视质量安全和生态资源的保护方面。《中国渔业统计年鉴2021》数据显示，2020年，全国渔业总产值13 517.24亿元，全国水产品总产量6 549.02万吨，其中，水产养殖产量共计5 224.02万吨，全国淡水养殖产量共计3 088.89万吨，淡水池塘养殖产量共计2 279.76万吨，淡水池塘养殖产量占全国淡水养殖总产量的比例近74.00%。淡水池塘养殖依然是中国水产养殖最主要的生产方式。"十三五"以来，云南着力转变渔业发展方式、调整渔业产业结构、推进长江"十年禁渔"，推进水产养殖业绿色发展，构建生产、生活、生态和谐共赢的产业形态，实现水清岸绿、鱼翔浅底的发展局面。据2021年《云南农业年鉴》，2020年，全省水产品养殖面积1 058千米^2，总产量64.4万吨，渔业经济总产值168.28亿元，渔民人均纯收入17 076.98元。

云南的水生生态系统主要有河流生态系统和湖泊生态系统两大类型，分布的鱼类达629种，种类之多超过了有"鱼米之乡"之称的长江中下游和珠江三角洲各省（市），居全国之首，占全国淡水鱼类种类总数的39.93%，其中云南特有种超过255种。近年来，云南渔业呈现快速发展趋势，水产品总量持续增长，渔业产业的整体效益稳步提高，水产品市场价格保持总体平稳。目前，池塘养鱼、库区养鱼和稻田养鱼是云南淡水渔业快速发展的三大支柱，三者产量合计占水产品总产量的3/4以上，对促进农民增收和就业的作用突出。曲靖渔业发展紧盯"提质增效、减量增收、绿色发展、富裕渔民"总目标，加速渔业绿色发展。据《曲靖年鉴2021》数据，2020年，完成养殖面积16.3万亩，产量898万吨，渔业产值14.05亿元，同比增1.3%。37个部省级水产健康养殖示范场顺利通过农业农村部复审。成功创建陆良、会泽2个国家级渔业健康养殖示范县，曲靖市成为全省唯一拥有4个示范县的州（市）。

表5-6　2020曲靖与省内各地州水产品产量及养殖面积比较

地区	水产品产量/万吨	养殖产量/万吨	捕捞产量/万吨	鱼类/万吨	虾蟹类/万吨	水产养殖面积/万亩
昆明	3.6	3.54	0.06	3.6	0	9

（续表）

地区	水产品产量/万吨	养殖产量/万吨	捕捞产量/万吨	鱼类/万吨	虾蟹类/万吨	水产养殖面积/万亩
曲靖	9.95	8.93	1.02	9.6	0.33	16.35
保山	4.27	4.09	0.18	4.23	0.03	17.7
昭通	4	4	0	3.99	0.01	7.05
普洱	16.06	11.5	4.56	15.63	0.18	12.75
临沧	12.77	11.42	1.35	12.63	0.05	16.95
楚雄	4.16	4.14	0.02	4.14	0.01	14.85
红河	4.7	4.52	0.18	4.6	0.03	9.6
文山	6.03	5.26	0.77	5.92	0.08	17.55
西双版纳	8.96	8.65	0.31	8.83	0.03	8.55
大理	5.93	4.57	1.36	5.85	0.08	8.25
德宏	4.41	4.19	0.22	4.31	0.01	10.8

数据来源：《云南统计年鉴2021》。

四、产业布局

曲靖市渔业主要由以鲟鱼、虹鳟鱼等为主的冷水鱼养殖区、优质高效的池塘养殖区、河库生态养殖区和稻田养殖区四部分构成。

冷水鱼养殖区布局：围绕建设鲟鱼、虹鳟鱼出口优势区，以会泽县、师宗县重点构建“一中心五基地”的结构布局。一中心：会泽上村鱼子酱加工中心；五基地：会泽县的金钟以礼河、待补鹧鸡河、迤车迤北沟、大井撒依河冷水鱼产业基地和师宗县五洛河冷水鱼养殖基地。重点突出鲟鱼、虹鳟鱼集约型标准化养殖，示范带动麒麟区、沾益区、富源县和宣威市等适宜区域发展。总面积约2 100亩，全市形成“加工在园区、生产在基地、产品在国外”的现代外向型渔业发展格局。

池塘养殖区布局：涵盖已养池塘和塘坝，面积7.1万亩，分布在曲靖市各县（市、区），除罗平外的8个县（市、区）。

河库生态养殖区布局：主要以部分中、小型水库和河道大水面生态养殖为主。面积7.5万亩，分布在富源、宣威、马龙、师宗和会泽等5个县（市、区）。

稻田养殖区布局：以宜渔稻田，拓展虾稻、稻鳅和稻鳖等综合种养殖模式为主，面积19万亩，分布在富源、宣威、马龙、师宗、会泽、麒麟、陆良和沾益等 8 个县（市、区）。

围绕渔业是比较典型的资源型产业，着重强调因地制宜与优化布局，以提高发展质量和效益为目标，选择与市场发展趋势相适应的生产模式。改进、推广水产健康养殖方式，注重推广稻渔综合种养、池塘水净化及循环利用养殖等新模式，不断创新体制机制，实现渔业一二三产业融合发展。

第六章

曲靖市高原特色现代农业发展方略

第一节　科学研判区域发展优势①

一、自然条件优势

1. 地貌多样

曲靖市介于东经103°03′~104°50′、北纬24°19′~27°03′，位于云贵高原中部滇东高原向黔西高原过渡地带，地势走向北高南低，西高东低，由西北向东南方向倾斜，海拔695~4 017.3米，相对高差3 322.3米，地貌多样。辖区万亩以上的坝子34个，其中陆良坝子771.99千米^2，为全省第1大坝子；曲沾坝子面积435.82千米^2，为全省第4大坝子，适宜农业机械化应用。山区适农土地面积广阔，发展潜力巨大。

2. 气候立体

境内气候以亚热带高原季风气候为主的六种气候带，冬无严寒、夏无酷暑、雨热同季，立体气候明显。年平均气温14.5℃，最热月7月19.6℃，最冷月1月6.5℃，气温年较差13.1℃，全年≥10℃活动积温平均4 121℃（东南河谷区在5 500℃，西北部高寒山区不足1 000℃）。年均日照时数2 000小时左右，年均太阳辐射平均120.9千卡/厘米^2（1卡=4.18焦耳），年均无霜期240天。年平均降水量1 028.7毫米。光照充足，热量丰富，为曲靖现代农业发展提供了良好的基础条件。

3. 土壤类型丰富

境内土壤种类多样，以红壤为主，还有紫色土、棕壤、黄棕壤、黄壤、

① 数据来源：曲靖市人民政府官网，《曲靖年鉴2021》《云南统计年鉴2021》。

水稻土等，pH 值多在 4.0～7.5，土壤肥力较好，有机质含量在 1.5%～5.0%，适宜稻谷、小麦、蚕豆、玉米、马铃薯、油菜、烤烟、蔬菜、花卉等粮经作物和桃、梨、苹果、柑橘、葡萄、板栗等经济林木种植。截至 2020 年底，曲靖市土地资源总量 4 340.24 万亩，其中农用地 3 537.24 万亩、建设用地 202.18 万亩、未利用地 600.82 万亩。全市耕地总量 1 236.71 万亩，人均耕地 1.9 亩，农业人口人均耕地 2.3 亩。

4. 物种优势

境内有粮食作物种质资源 805 个，其中稻谷 482 个、玉米 146 个，麦类 102 个、薯类 45 个、豆类 30 个；经济作物种质资源 920 个，其中，油菜 25 个、蔬菜 8 类 59 种、水果 150 个、药材资源 428 个、观赏植物 5 类 258 种；畜牧业有 6 个地方畜禽遗传资源、2 个地方资源培育新品种，1 个培育新品种（配套系）；渔业品种有 135 个，其中土著品种 125 个。2020 年，曲靖市通过审定的主要农作物新品种 38 个，其中省级 1 个、国家级 7 个。丰富的农作物种类、畜禽品种和渔业资源，决定了农业覆盖面广、物种类型多样、生产的农产品丰富。

5. 生态优势

曲靖地处珠江源头，生态环境好，森林蓄积量 6 774 万米^3，森林覆盖率 50.1%，自然植被保持良好，土壤肥沃、污染少、空气优、水质清，有流域面积 100 千米^2 以上的河流 80 多条，水能资源丰富，物种天然隔离条件好，生态修复功能强，区域性原生态农产品生产条件优越，是优质农产品的理想产地。

二、区位与交通优势

曲靖市东接贵州省六盘水市、兴义市和广西西林县，西与昆明市嵩明县、寻甸县、东川区接界，南连文山州丘北县、红河州泸西县、昆明市石林县、宜良县，北与昭通市巧家县、鲁甸县及贵州省威宁县毗邻，素有“入滇锁钥”之称。境内三条铁路、四条国道、四条高速公路贯通全境，交通便利，聚集能力强，辐射范围广，是泛珠江经济合作圈滇东地区的交汇点，是攀西—六盘水“金三角“国家重点开发片区、滇中城市经济圈的重要部分，对外开放优势巨大，利于发展外向型农业。交通的优势为农产品的流通提供了便利，减少了供应商和供货商之间的运输成本，铁路、公路、航空的贯通，为农产品的物流和贸易提供了条件，带动了特色农业产业的发展。

三、产业基础优势

1. 农业体量大

2020 年，全市粮食播种面积 945.54 万亩、产量 324.08 万吨，位列全省第 1，增幅高于全国 0.5 个百分点，高于全省 0.02 个百分点（表 6-1）。其中，罗平县、宣威市和陆良县种植业产值分别居全省 129 个县（市、区）的第 5 位、第 7 位和第 8 位。农业总产值 911.13 亿元，居全省第 1 位，其中，农业产值 326.38 亿元，林业产值 28.16 亿元，牧业产值 520.49 亿元，渔业产值 14.05 亿元，农林牧渔专业及辅助性活动产值 22.05 亿元，畜牧业产值居全省首位，种植业和渔业产值均居全省第 2 位。

表 6-1　曲靖市 2020 年主要农作物生产情况表

作物	播种面积/万亩	产量/万吨	全省占比/%	全省排位
粮食	945.54	324.08	20	1
油料	117	20.95	31.6	1
蔬菜	270	341.16	13.4	3
水果	63.5	32.12	3.4	10

曲靖是云南省的生猪调出大市，宣威、富源、陆良、会泽、麒麟、沾益、罗平和师宗 8 个县（市、区）被列为国家生猪调出大县，占全省 22 个生猪调出大县的 36.36%，畜牧业多项指标位居全省第 1 位。2020 年，全市肉类总产 122.98 万吨，牧业产值达 520.49 亿元，畜产品加工产值 82 亿元，畜牧业综合产值达 436 亿元。其中，猪肉产量 75.17 万吨、占全省的 30%；牛肉产量 8.55 万吨、占全省的 20%；羊肉产量 5.41 万吨，占全省的 30%，猪牛羊肉产量均在全省排第 1 位。生猪、能繁母猪、牛、羊存栏均居全省第一，占全省 1/5。辖区宣威市、陆良县和会泽县畜牧业产值分别居全省第 1 位、第 2 位和第 3 位。

2020 年，全市渔业养殖面积 16.3 万亩，产量 8.93 万吨，产值 14.05 亿元。辖区渔业产值居前三位的分别是罗平县、师宗县和麒麟区，居全省 129 个县（市、区）第 1 位、第 13 位和第 18 位。

2. 农产品种类多

特殊的地理位置和良好的自然资源条件，造就了曲靖丰富的农产品种类。除玉米、马铃薯、油菜、水稻等大宗农产品品类外，中药材有品种 438

种，其中野生药材367种、人工种植药材71种，主要有生姜、薏苡仁、三七、红豆杉、银杏、滇黄精、当归、板蓝根、白术、杜仲、丹参、半夏、黄芩、大黄、附子、木香、柴胡、金银花等；水果有马龙苹果、会泽宝珠梨、富源黄梨、陆良蜜香梨、突尼斯软籽石榴、盐水石榴、桃、柠檬、沃柑、会泽黄果柑、金腾葡萄、猕猴桃、蓝莓、野生刺梨等；蔬菜有叶菜类、根茎类、瓜果类、豆类、茄果类、葱蒜类以及水生蔬菜类等；花卉有食用与药用花卉、工业用花、特色花卉、鲜切花、种用花卉以及干花制品、花卉食品、花卉酒类、花卉保健品、花卉药品和花卉化妆品等；魔芋产品有魔芋干片、精粉、微粉、胶囊、洗漱用品、魔芋葡聚甘露糖、膳食纤维食品、工业辅料等；蚕桑囊括了桑、蚕、茧、丝及副产品全产业链；养殖业有猪、牛、羊、禽以及其他特色品种等。

3. 特色产业优势明显

曲靖素有“滇东粮仓”之称，所辖县（市、区）农业发展各具特色。罗平、师宗是全省油菜优质产品生产基地县，陆良、麒麟、沾益是全省蚕茧生产基地县（区）。陆良、麒麟、马龙是曲靖市蔬菜基地和供港蔬菜基地。畜牧业占农业总产值的51%，位列全省第1，宣威、富源、陆良、会泽、麒麟、师宗、沾益、罗平等县（市、区）是全省生猪生产基地县（市、区）及调出大县，其中：宣威火腿是中国三大火腿之一，占全国市场份额近1/3，马铃薯常年种植面积和年产量居全省第1位，分别占全省的27%、40.3%；蔬菜实现周年生产、均衡供应，是云南省常年蔬菜优势产业区之一；露地蓝莓、马龙苹果等品类比省外产区提前1个月左右上市，日中性草莓品种（四季草莓品种）生长期较省外其他产区延长3~4个月，单位面积产量高1倍多；以一年生当归、小黄姜等为主的中药材是云南道地产区和主产区；魔芋是中国最重要的产区之一，规模化、标准化、商品化程度高；蚕茧是全国为数不多的优质茧生产区。近年来，一些特色农产品凸显市场优势，名优化产品逐渐增多，为农产品的市场竞争力提供了重要支撑，也为曲靖现代农业的发展提供保障。

4. 经营主体优势

2020年有县级以上各类农业龙头企业506家，占全省4 440个的11.39%。其中，“省级农业龙头企业”106家（全省900家），占全省的11.78%；“国家级龙头企业”2家（全省39家），占全省的5.13%；云南博浩生物科技集团股份有限公司被评为云南绿色食品“10强企业”，宣威浦记火腿食品有限责任公司、云南云淀有限公司、万兴隆生物科技集团被评为云南省绿色食品“20佳创新企业”。

5. 农业品牌优势

宣威火腿等具有地理标识的产品种类不断增多，规模也在壮大，地域优势逐渐显现。相继注册了“宣威火腿”“爨乡蔬菜”“师宗沃柑”“师宗柠檬”“珠源益品”“多依多彩”“富源魔芋”“丹紫红七彩土豆”“七莱云莓”“宣威土豆”“会泽大洋芋”“会泽宝珠梨”“盐水石榴”“乐业辣椒”“火红黑山羊”“沾益珠江源土豆”“马龙苹果”等区域公用品牌和地理标志产品；引导和鼓励经营主体组建了产业联盟，采取区域公用品牌和龙头企业自主品牌的双品牌方式，提升品牌知名度。万兴隆“云姜”牌姜粉、广汇“GH（图形）”牌马铃薯、“云淀”牌马铃薯淀粉评为云南省“十大名菜”“佳沃”牌山地蓝莓评为云南省“十大名果”“龙津”牌灯盏细辛、灯盏细辛（灯盏花）评为云南省“十大名药材”。会泽待补被农业农村部认定为“中国夏季草莓之乡”，大河乌猪和滇陆猪两个国家级种猪被评为“云南省六大名猪”，罗平黄山羊被评为“云南省六大名羊”之一。

四、科技支撑优势

1. 产业技术优势

曲靖市拥有国家级玉米、食用豆、马铃薯产业技术体系曲靖试验站；省级水稻产业技术体系曲靖试验站，玉米产业技术体系曲靖试验站、宣威试验站，马铃薯产业技术体系春作区曲靖、宣威、马龙试验站，省级蚕桑产业技术体系陆良、沾益试验站，蔬菜产术技术体系曲靖试验站，水果产业技术体系曲靖试验站，生猪产业技术体系曲靖、宣威、麒麟区、陆良试验站，肉牛产业技术体系马龙试验站，肉羊产业技术体系沾益、会泽试验站，草产业技术体系曲靖、马龙试验站，淡水鱼产业技术体系曲靖试验站，畜禽粪便资源化利用技术体系曲靖、陆良试验站。粮、油、畜、禽、渔等产业技术体系基本齐全。2020年，曲靖市共有26个云南省现代农业产业技术体系（曲靖）实验站，26名岗位专家，具备较强的产业化技术优势。

2. 良种繁育优势

依托现代种业提升工程、国家马铃薯区域性良种繁育等项目的实施，大力实施粮、油、果、蔬和畜禽品种遗传改良及良种繁殖工作。拥有自主知识产权的粮食作物新品种238个，居全省第1。宣威、会泽国家马铃薯区域性良种繁育基地种薯繁殖面积50万亩，年生产种薯100万吨。杂交玉米制种面积5万余亩，种子产量1 300万千克。拥有大河乌猪、滇陆猪、宣和猪、马龙云岭牛、罗平黄山羊、会泽火红黑山羊、师宗黑山羊、马龙深沟鸡等特色品种和地方遗传资源，其中，大河乌猪、滇陆猪、宣和猪为国家级新品种，居全省首位。云岭牛是国内肉牛品种中对自然生态环境适应性最强的肉牛品种之一，能够适应热带亚热带的气候环境，且在高温高湿条件下表现出较好的繁殖能力和生长速度，同时对南方冬春季的冰雪天气也有较强的适应性。

3. 农业技术推广体系优势

市、县（区）、镇农业技术推广体系健全。全市现有各类农业技术推广机构 353 个，4 010 人，其中，高级职称人员 1 674 人、中级职称 1 257 人。

4. 成果转化优势

曲靖科技水平不断提升，研发和推广示范服务机构不断完善，与省内外农业院校、科研单位广泛合作，科技型企业占比较高。科研单位及科技企业不断向规划区聚集，云南省草地动物研究院将迁移至马龙区，云南英茂花卉公司研发中心落地马龙区。建成全国首家省级蓝莓工程技术研究中心，市内有 19 个院士（专家）工作站。科技平台的构建与科技水平的不断提升，有力促进了曲靖科技成果转化。2020 年，曲靖市通过国家玉米新品种审定 7 个，云南省主要表作物新品种审定 31 个。国家农作物新品种审定实现零的突破，云南省审定农作物新品种数量连续 2 年处于历史最高水平，2 年审定通过农作物新品种占历史累计数（283 个）的 29%。

第二节　发展思路和目标定位

一、发展思路

以习近平新时代中国特色社会主义思想为指导，践行新发展理念，紧扣农业增效、农民增收，全面落实产业兴旺、质量兴农要求，围绕云南省推进开放型、创新型和绿色化、信息化、高端化“两型三化”，打造世界一流“绿色食品牌”部署，按照“大产业+新主体+新平台”发展模式，以深化农业供给侧结构性改革为主线，以优化产业结构、转变发展方式为切入点，聚焦主导产业、特色产业，结合国家、省级“现代农业产业园”创建等，加快推进“一县一业”“一乡（镇）一特”“一村一品”发展，推进大宗农产品优质化、小众农产品适度规模化、特色农产品高端精品化，彰显产业特色，提升产业层次，延长产业链、提升价值链、完善利益链，以农业高质量发展推进农业农村现代化。

二、发展定位

着眼曲靖争创中国地级市百强，立足曲靖农业资源优势和产业基础，置身云南打造“绿色食品牌”新部署，面向西南农业发展新态势，放眼全国现代农业发展新布局，科学研判曲靖现代农业高质量发展趋势和方向，“一核心两典范三中心四基地”。

1. “一核心”：建设世界一流“绿色食品牌”核心示范区

聚焦优质马铃薯、绿色蔬菜、优质水果、道地药材、新兴花卉和生猪、肉牛、肉羊、禽蛋、奶业等优势产业，以陆良（蔬菜产业）、宣威（火腿及生猪产业）“一县一业”示范县和麒麟（蓝莓产业）、罗平（生姜产业）“一县一业”特色县创建为引领，加快建成县域主导产业鲜明、区域特色产业突出的“一县一业”“一乡（镇）一特”“一村一品”产业集群发展新格局，抢占优质农产品市场制高点，打造世界一流“绿色食品牌”核心示范区。

2. “两典范”：构建农业标准化和品牌化的典范

（1）农业标准化建设的典范

以国际、国家标准为基础，行业标准、地方标准和企业标准相配套，建立和完善符合国际规范和食品安全的农业标准体系、农业质量监测体系和农产品评价认证体系。大力推行农产品生产、加工、流通的标准化，带动农业生产专业化和区域化，进而推动农业的战略性结构调整，促进种养优势互补和资源化良性循环，提升曲靖农业资源利用率、土地产出率、劳动生产率，整体拉动曲靖农业转型升级和提质增效，造就云南农业结构优化和产业发展新标杆。

（2）农业品牌化建设的典范

强化品牌意识，以市场为导向，以企业为主体，构建起“政府引导、企业主体、社会参与”的农产品品牌建设机制。挖掘“曲字品牌农产品”的核心价值与爨文化内涵，以塑造曲靖农产品整体品牌形象为引领，主动适应市场的多样化、个性化需求，进行品牌规划和品牌定位，重塑品牌形象、品牌主张和品牌价值观。通过商标注册、质量管理、品牌培育、文化挖掘和科技创新等手段，加大公共品牌、区域品牌、企业品牌和产品品牌的创建力度，努力打造以品牌价值为核心、围绕消费需求打造品牌的新型企业。以质量和效益为中心，以标准化、绿色化生产不断提升品牌农产品的质量。开展知名品牌示范创建和品牌推广活动，建立和完善品牌认定评价机制，全力塑造云南绿色农产品品牌化的典范。

3.“三中心”：打造中国一流的生猪养殖和肉制品加工中心、西南最优种业中心和云南绿色食品交易中心

（1）中国一流的生猪养殖和肉制品加工中心

坚持生猪产业由做大向做强做精发展，依托大型生猪养殖企业，加快推进标准化规模养殖，提升生猪调出大市产能，巩固全省生猪产业第1大市、云南最大的畜禽养殖基地地位；依托宣威火腿加工、大型屠宰加工，强力推进腌制品和生鲜肉精深加工，力争到2025年宣威火腿及其制品销售占全国市场份额的35%以上。

（2）西南最优种业中心

巩固曲靖市在云南的良种繁育优势，依托省内外农业科技院校及县（市、区）农业科技部门、实力科技企业等技术力量，加大地方特有种质资源保护，加强以宣威市、会泽县国家马铃薯区域性良繁基地县和畜禽、玉米、魔芋、花卉等优质种业基地建设，强化科技创新、企业创新和平台建设，合力打造以马铃薯、玉米（制种）、生猪（大河乌猪、宣和猪、滇陆猪）、肉牛（云岭牛）为主的西南最优种业中心，保障全市农业产业种源供给的同时，辐射周边区域。

（3）云南“绿色食品”交易中心

发挥曲靖市是全国66个物流节点城市之一、云南乃至西南重要农产品原产区的优势，加快建设“立足云南、辐射西南、服务全国、连接南亚东南亚”集贸易、加工、运输、冷链、仓储为一体的“中国国际农产品交易中心”，联动各生产区交易中心，构筑国家级农产品产销平台和区域品牌平台，力争形成云南“绿色食品”价格中心、产业信息中心、科技交流与成果转化中心、会展贸易中心、物流集散中心。

4.“四基地”：云南最大的畜禽养殖基地、云南优质高端农产品重要供给基地、西南最优种业基地和国内知名的休闲农业与乡村旅游基地

（1）云南最大的畜禽养殖基地

充分发挥曲靖市以生猪、牛羊等为主的畜禽存栏、出栏及肉类总产均居全省第1（占全省1/4）的发展优势，进一步夯实产业基地，加强畜禽品种繁育体系建设，加大标准化和规模化养殖，完善饲草饲料供给系统，强化监督和支撑体系建设，打造云南最大的畜禽养殖基地，引领云南山地牧业发展。

（2）云南优质高端农产品重要供给基地

充分利用曲靖地区高原农业无污染、气候多样，品质独特、周年供应等优势，通过加强科技支撑，品牌建设，打造曲靖农业“高科技、高品质、高效益”的“三高”形象，将曲靖建设成云南优质高端农产品重要供给基地。

（3）西南最优种业基地

进一步巩固曲靖市在云南的良种繁育优势，依托省、市农业科学院、畜牧兽医科学研究机构及县（市、区）农业（含畜牧）科技部门、实力科技企业等技术和力量，加大地方特有种质资源保护，加强以畜禽（生猪、肉牛羊、奶畜等）、马铃薯、玉米、魔芋、花卉、蓝莓等为主的优质种业基地建设，强化科技创新、企业创新和平台建设，合力打造西南以马铃薯、玉米（制种）、生猪、肉牛等为主最优种业基地，支撑全市农业产业发展的同时，带动周边州市和贵州等区域发展。

（4）国内知名的休闲农业与乡村旅游基地

以“罗平油菜”“银杏庄园”“龙腾庄园”“师宗壮乡”等为核心的休闲农业基础，整合全市乡村旅游资源，优化结构布局，挖掘生态涵养、休闲观光、文化体验、健康养老、红色教育等多种功能和多重价值，建设一批美丽乡村、民俗民居等精品项目，拓展农业科普、农耕体验等元素，策划不同主题旅游，完善基础设施，推动现代农业、乡村旅游、民俗文化深度融合，全力打造国内知名的休闲农业与乡村旅游基地。

三、发展目标

紧扣建设千亿元大农业，以打造百亿元支柱产业、五十亿元骨干产业、二十亿元优势产业、十亿元区域特色产业为目标，力争3~5年，将生猪、蔬菜2个产业培育发展产值超100亿元的支柱产业（其中生猪产业达300亿元以上），将马铃薯、水果、中药材和肉牛4个产业培育成产值超50亿元的骨干产业，将魔芋和肉羊2个产业培育成产值超30亿元的优势产业，花卉、蚕桑、肉禽和奶业4个产业培育成产值超10亿元的优势产业，将蚕桑产业培育成产值超10亿元的地域特色产业，努力实现农业经济“翻番”，农民收入“倍增”，建成省内领先、西南一流、全国有一定知名度的云南“绿色食品牌”示范区。

四、发展方向

1. 围绕资源优势，提升品牌竞争力

发展特色农业要着力调优产品结构，突出“优”字，提质增效。首先加大对龙头企业的扶持和培育力度，延伸产业链条。结合供给侧结构性改革，从优化存量的角度，对知名度高、市场占有率强的企业从政策、资金、科技和税收等方面给予扶持，有效利用其长期发展所形成的技术优势、市场影响，进一步完善其现代企业治理，加大科技创新、技术改造的力度，提升其产品品牌质量和创新能力，重点培育和发展龙头企业，以带动相关业态发展。同时，从产业发展领先地区引进技术、人才、资金，逐步形成产业链条，形成集群发展和规模发展，促进一二三产业的融合发展；其次充分发挥特色农业的优势，增强核心竞争力。农业部门要为企业提供优质农产品资源，招商部门要积极围绕规划实施精准招商吸引龙头企业入驻，科技部门要充分发挥农业科技资金的引导作用促进企业提升技术等。以精深加工为重点，着力在延长产业链条、优化产品结构、创新商业模式上下功夫。实施品牌战略，走质量兴农、绿色兴农、品牌强农之路，打好“绿色食品牌”，引导加工企业向主产区、优势产区、产业园区集中，在优势农产品产地打造食品加工产业集群，增强核心竞争力和辐射带动力。

2. 围绕“互联网+特色农业”，促进三产融合发展

要以特色农业发展需求为导向，以互联网信息技术应用为重点，加快推进“互联网+特色农业”发展，促进一二三产业融合。首先加快推进“互联网+特色农业”公共服务平台建设。围绕特色农业生产、加工、流通、销售等环节及农业电子政务、电子商务、三农服务和科研开发等方面，促进信息化与特色农业的有效对接，提升农业生产信息化水平。其次加快推进农产品电子商务融合发展。扶持农业龙头企业、农民专业合作社等开展农产品电子商务应用示范，打造集农产品质量安全监管、农业电子商务、休闲观光农业于一体的“互联网+特色农业”示范区。鼓励和引导涉农企业自建农业电商平台，开展多种形式的网络销售。再次加快推进“互联网+特色农业”发展人才队伍建设。依托科研机构、涉农信息化企业、农产品电子商务企业，建立“互联网+特色农业”发展人才培训基地，建立一批领军人才和创新团队。

3. 围绕培育经营主体，提升发展动力

良好的生态环境，是吸引优质项目、人才、资源落户的关键因素。要把大力培育特色农业新型主体和新型职业农民作为曲靖市农业供给侧结构性改革的重大战略措施。支持大中专毕业生、城市文化人、工商企业家、互联网业主和各类社会人士来参与曲靖特色农业的投资建设。针对职业农民培育的不同阶段，确定不同扶持政策。在发展初期，着力帮助其解决信贷担保、基础设施、土地流转、设施用地等问题；在成长成熟期，着力帮助解决质量安全、品牌建设等问题。与此同时，加快解决农民免费接受职业教育问题，把新型职业农民作为重点扶持对象，积极开展农民田间学校培训，通过农技人员与新型职业农民结成“一对一”的农业科技联盟和利用农科讲堂建立远程教育体系，把专家和农业技术引到田间地头圈舍，注重培训的实效性和参与程度，提高新型职业农民科学种养效果。为曲靖市特色农业发展提供最强大的内生动力。

4. 充分发挥资金撬动作用

制定担保、贴息、保险等针对性强的优势特色产业扶持政策，积极引导金融机构合理配置信贷资源，进一步强化建设特色农产品优势区的金融支持。建立政府扶持、多方参与、市场运作的农业信贷担保机制，利用金融机构中长期贷款加强对特色农产品优势区的中低产田改造和高标准农田建设，加大农田灌溉、交通设施等基础配套设施的改造升级。同时建议有关部门能与银行或者社会金融机构联合，搭建农业龙头企业发展基金服务平台，选一批发展前景好、基础条件夯实、示范带动强、信用良好的龙头企业，帮助企业解决融资困难等问题，同时加大对农业企业的资金扶持力度，提高企业发展的积极性。

第三节　确定重点产业的基本策略

一、选择重点产业

遵循“错位竞争、差异发展”要求，依据曲靖市自然环境、土地资源、设施基础等条件，结合各产业优势特色、区域特色、关联效应、示范带动、可持续发展等原则，在“两区”划定，确保粮食安全的基础上，根据全市农业生产基础条件等，确定水果、蔬菜、中药材、马铃薯、花卉、魔芋、蚕桑和山地牧业（以生猪、肉牛、肉羊、肉禽和奶牛、奶山羊为主）等 8 个主导产业重点发展。

二、确定基本策略

1. 绿色化

进一步优化产业布局，以核心区为重点发展区域，围绕水果、蔬菜、中药材、马铃薯、花卉、魔芋、蚕桑和畜牧业等重点产业建立绿色有机农产品产地挂牌保护制度。同时以有机为牵引、绿色为主导，引导生产经营主体不断调整品种结构、品质结构和产品结构。贯彻落实“一控两减三基本”（严格控制农业用水总量；化肥、农药减量使用；畜禽粪污、农膜、农作物秸秆基本得到资源化、综合循环再利用和无害化处理）的要求，全面推行有机肥替代化肥、畜禽粪污资源化利用、农作物秸秆综合利用、废弃农膜回收、病虫害绿色防控等行动。依托经营主体开展产业基地和产品认证（定）和有机产地转换。加大畜禽标准化规模养殖，引导绿色有机生产主体组建绿色有机联盟，搭建服务平台，提升绿色有机产品市场增值效应。

2. 规模化

坚持大宗农产品标准化，小众农产品规模化、经济作物适度规模化原则，打破行政区划，合理规划产业布局，完善水、田、路、电等相关基础设施设备，健全土地流转政策，积极探索以土地托管和联耕联种为代表的土地规模化与服务规模化协调发展机制，大力培育和引进新型经营主体，有序推进土地流转，加大针对农户的产业技术培训，引导农民由散状小农户变为产业从业者。结合农业服务组织发展的新趋势，整合资源，加快优化不同类型主体间联合和协作，促进农业服务供求有机衔接。合理推进项目区种、养、加、销规模化发展。

3. 专业化

通过建立完善生产、加工、流通、销售全产业链的主导产业标准体系，大力推进标准化生产经营，重点推进标准化生产、产地初加工、提高产品商品化率、提升组织化程度。同时对标国内外行业发展，制定和应用相关标准，开展标准化、专业化生产。大力开展科技示范园、现代产业园和绿色食品加工园建设。以行政村为基本单位，围绕主导产业生产、加工、流通、服务全产业链各个环节，开展“一村一品”专业村建设。

4. 组织化

围绕主导产业发展，建设一批运行规范、带动力强的专业合作社，支持合作社在县域内组建联合社，扩大生产经营规模，提高市场竞争能力。着力培育一批专业技术强、服务质量高、市场化运营规范的农业社会化服务组织，大力培育和引进各生产环节中经营主体，加大对龙头企业技术改造、产品研发、市场品牌、冷链物流等关键环节支持力度，做大做强农业龙头企业。积极探索订单带动、土地流转、股份合作、托管托养、代耕代种、吸纳就业等方式，建立健全多种形式的利益联结机制并加大利益联结机制的履约监督力度，形成稳固利益联结机制。

5. 市场化

建立健全政府推动、企业为主、部门协作、社会参与的品牌培育工作模式。加快产品地理标志登记工作。大力培育自主品牌，加快打造有影响力的区域公用品牌、企业品牌和产品品牌。致力研究和定位产品市场，围绕目标市场，培育稳定的消费群体。制定差异化市场营销策略，进一步提升产品品质，提升产品档次，提升产品市场竞争力和扩大市场影响力和占有率。合理布局产地批发市场、销地批发市场和零售农贸市场，建设完备的产品供应链体系，加大农产品田头市场标准化建设与改造。完善主要农产品初加工冷链物流基础设施，加大电商物流体系建设，提高农产品电商销售比例。健全农产品质量安全监管体系，推动生产加工经营企业建立质量追溯系统，建设一批蔬菜农业物联网应用示范基地，提升市场水平。

三、明确发展原则

1. 政府引导，企业主导

遵循产业发展规律和市场经济规律，坚持政府引导、企业主体、市场化运作。科学编制全域农业规划，强化行政服务，优化营商环境，大干大支持、小干小支持、不干不支持，以优质产业资源和良好服务推动种植业结构调整，以特色优势畜禽规模化、标准化养殖促进山地牧业转型升级；发挥市场在资源配置的决定性作用，大力引进和培育新型经营主体，充分发挥新型经营主体在基地建设、产品加工、市场营销等方面的主导作用。

2. 因地制宜，特色高效

坚持错位竞争、差异发展，系统考虑曲靖高原地区气候、植物和土地的垂直空间差异特征，充分发挥生态品质、周年生产、均衡上市等优势，重点在绿色、特色和品质上做文章，统筹区域资源禀赋、产业基础、领军主体、市场品牌等因素，合理安排产业发展优先次序，规模化、标准化调整种植业结构，科学布局养殖场（小区），促进主要作物高效发展和山地牧业提质增效，全面提高农业综合生产能力和市场竞争力。

3. 绿色发展，质量兴农

顺应市场多样化、优质化、品牌化需求，以绿色理念引领农业高质量发展，坚持标准化生产，强化质量管控，探索推广绿色高质高效技术集成模式，逐步构建绿色技术体系、绿色标准体系、绿色产业体系，增强绿色优质农产品供给能力，同步提升经济效益、社会效益和生态效益。

4. 三产融合，促农增收

坚持融合发展、效益优先，创新农业业态，拓展农业功能，推动种养结合、精深加工、冷链物流、休闲观光等交叉融合，延伸产业链，提升价值链；强化利益联结，引导新型经营主体带动农民群众发展产业、增收致富，将小农户引入现代农业发展大格局，实现产业发展与农民增收有机结合。

第四节　调整优化农业产业结构

一、调整农业产业结构

按照“稳粮、优经、配饲”的原则，抓好550万亩粮食生产功能区和重要农产品保护区建设。紧扣建设“千亿元大农业”目标，聚焦绿色蔬菜、优质水果、道地药材、新兴花卉、生猪、肉牛等优势特色产业，优化产业布局，构建支柱产业、骨干产业、区域特色产业方阵，巩固提升生猪、绿色蔬菜2个支柱产业，培育壮大优质水果、道地药材和肉牛3个骨干产业，加快发展新兴花卉区域特色产业，着力打造全国最大的“粤港澳大湾区”优质蔬菜供给中心和优质农产品供给基地。大力发展有比较优势和市场潜力的节粮型草食牲畜、特色小家畜禽和淡水渔业，因地制宜发展饲用玉米、青贮玉米和优质牧草，形成与资源环境承载能力相匹配的现代畜牧业生产新格局。积极推动农产品初加工、精深加工、综合利用加工协调发展，重点推进以肉奶制品、果蔬、药材为主的优质农产品精深加工。围绕中国云南国际农产品交易中心（陆良）建设，完善冷链物流、交易体系和电子商务等设施设备，健全全市农产品供应链，提升农产品交易能力，打造云南“绿色食品”交易中心。努力建设省内领先、西南一流、全国有一定知名度的“绿色食品牌”引领区。

二、优化产业空间结构

1. 种植业空间结构

充分认识农业可持续发展的综合性和系统性，坚持全市“一盘棋”，统筹全市区域农业资源，严格落实粮食生产功能区、重要农产品保护区“两区”划定政策，加快品种结构调整，加快构建优势区域布局和专业生产格局，满足市场多元化需求，促进粮经饲协调发展。科学优化绿色蔬菜、优质水果、道地药材、新兴花卉4大高效经济作物布局，形成“三区”（即冷凉山区和半山区，中温坝区，低热槽区3个不同气候类型区域）“四业”（绿色蔬菜、优质水果、道地药材和新兴花卉）“九带”（以陆良为核心的沾益—麒麟—陆良—师宗南盘江流域设施蔬菜产业带；会泽—宣威乌蒙山露地生态蔬菜产业带；富源魔芋产业带；会泽—宣威早熟苹果和夏季草莓产业带；马龙早熟苹果产业带；师宗—罗平南盘江河谷热区水果产业带；沾益—宣威—会泽以当归、银杏、红豆杉、灯盏花为主的特色原料药中药材产业带；罗平—师宗—富源以小黄姜、薏苡仁为主的药食同源中药材产业带；马龙—麒麟—沾益花卉产业带）的优势产业集群。推进大宗产品优质化、小众农产品适度规模化、特色农产品高端精品化，将种植业结构调优、方式调绿、业态调新、效益调高。

2. 养殖业空间结构

依托现有畜牧业发展基础，统筹考虑种养规模与资源环境承载能力，积极推进以生猪和草食畜牧业为重点的畜牧业结构调整，大力发展标准化规模养殖经营主体，结合优质种业、畜产品水产品加工、市场物流等基础，在适宜区域以点状布局、串点成片、适度集群的“多点板块”形式布局生猪、肉牛、奶牛、肉羊、家禽标准化养殖基地和渔业养殖基地。持续开展生态健康养殖、养殖尾水治理模式推广、水产养殖用药减量和水产种业质量提升行动。

3. 融合发展格局

重点建设宣威和陆良2个精深加工中心（园区）、“云南（陆良）绿色食品牌”交易集散中心。其中：宣威园区以冷鲜肉、肉类腌制品、马铃薯淀粉、中药材等为主；陆良园区以蔬菜等为主，兼顾鲜肉型生猪加工和奶产品。积极打造云南（陆良）“绿色食品牌”交易中心，带动麒麟（含曲靖经济技术开发区）、罗平和宣威农产品集散（综合市场）及各县（市、区）级专业市场、田头市场、物流园和电子商务等市场物流发展。依托龙头企业、农民合作社和家庭农场等新型农业经营主体，建设麒麟蓝莓、沾益中药材、马龙苹果、陆良蔬菜、师宗热区水果、罗平生姜、会泽马铃薯和冷水鱼、富源魔芋、宣威火腿（生猪）等产业联合体，打造30个“一村一品”国家级示范村镇。

三、打造县域特色种植产业集群

大力推进“一县一业”“一乡一特”“一村一品”产业培育。每个县（市、区）聚焦2个重点产业，通过优化结构、连片布局、规模发展，整合力量、重点推进，打造主导产业聚集区、乡村振兴产业示范区，示范带动种养殖业从分散布局向集群发展、数量规模增长向质量效益提升转变。因地制宜优化粮油、肉奶蛋生产布局，夯实农业基础，形成板块推进；优化供给，提升农产品品牌，积极推进农产品质量标准化体系建设，加强绿色有机农产品认证，打造宣威火腿、麒麟蓝莓、盐水石榴、会泽冷水鱼等绿色农产品标准化集成示范基地和“会泽百家”“珠源益品”等县域公用品牌；积极推动初加工、精深加工和农业废弃物综合利用，重点以马铃薯、油菜、生猪、肉牛、奶牛、果蔬、中药材等精深加工为主导，推进农产品加工业向优势产区集中布局；大力开展农产品电商物流提升工程，构建全市农产品生态供应链。

四、推进畜牧业转型升级

围绕把曲靖建成云南最优最强畜禽生产基地的总目标，坚持发挥优势、适度规模、草畜配套、农牧结合、生态循环和废污资源化利用的原则，大力发展标准化规模养殖和畜产品加工，促进畜牧业转型升级；以产业数字化、数字产业化为发展主线，以数字技术与农业农村经济深度融合为主攻方向，以数据为关键生产要素，着力建设畜牧基础数据资源体系；以大河乌猪、宣和猪、滇陆猪、罗平黄山羊、会泽火红黑山羊、师宗黑山羊、马龙深沟鸡、云岭牛等地方特色品种资源为基础，依托实力龙头企业，做大做强以宣威火腿优势品牌为核心的生猪产业，突出培育具有市场核心竞争力的肉牛羊、奶产业，兼顾发展特色肉（蛋）禽产业；创建一批国家级现代农业产业园和数字农业试点企业，打造中国一流的生猪养殖和肉制品加工中心，推进曲靖畜牧业大市向强市转变。

第五节 打造“绿色食品牌”

一、深入实施“一县一业”创建

各县（市、区）根据《云南省人民政府关于创建“一县一业”示范县加快打造世界一流“绿色食品牌”的指导意见》和省打造世界一流“绿色食品牌”工作领导小组第14次会议精神，把发展“一县一业”作为打造世界一流“绿色食品牌”的重要举措，紧扣“大产业+新平台”思路，找准特色优势，明确目标任务，细化保障措施，按照“一图五表”（产业布局图+项目清单表+重点任务表+龙头企业表+专业村创建表+资金计划表）要求，科学编制实施方案。强化主体培育，加大“一县一业”全产业链招商力度，内培外引，不断壮大农业龙头企业；加强电子商务发展，大力培育县域内农产品电子商务主体，加强与主流电商平台对接，提高物流服务，降低物流成本，努力实现种养、加工、物流、销售到消费各环节数字化；以品牌基地、专供基地、示范基地、生态农业基地等建设为重点，加强“绿色食品牌”产业基地认定和管理，建立健全质量标准体系，构建“精品、优品、原品”供给体系，确保产品落在品牌上，品牌落在企业上，企业落在基地上；推进一二三产融合发展，加快现代农业与全域旅游、教育文化、大健康产业、特色小镇建设等深度融合，在农产品精深加工上谋求突破，构建现代农业产业体系、生产体系和经营体系，培育县域产业发展新动能。以县（市、区）为单元，形成主导产业明确、产业链条完整、功能多样、业态丰富、绿色低碳、利益联结紧密，产村、产城融合更加协调的新格局。

二、努力提升标准化和设施化水平

加快建立与农业高质量发展相适应的农业标准及技术规范，健全完善覆盖产业全链条的农业标准体系。引进转化国际先进农业标准，推进“一带一路”农业标准互认协同，加快与国外先进标准全面接轨。以“菜篮子”大县、畜牧大县和现代农业产业园为基础，健全适应绿色发展生产体系，完善主导产业技术规程与地方标准，建立生产记录台账制度，实施农产品质量全程控制，全面推行全程标准化生产。支持农业龙头企业示范引导农民专业合作社和家庭农场从事标准化生产，推进标准化种植、畜禽标准化规模养殖场（小区）和畜禽产品加工标准化建设。大力提升设施化水平，推进规范达标建设，重点推广高效绿色种植、标准化规模养殖和产地初加工、农产品精深加工自动化、智能化、信息化设施设备，持续提高标准化、规模化水平。

三、大力推进绿色有机化发展

依法依规划定禁种禁养、限种限养区域，优先保护农业种质资源和生产环境资源，科学布局农业生产功能区，有效推进绿色生态循环发展。大力推广节水、节肥、节药、水肥药一体化等高效节约型农业新技术，切实转变粗放型农业发展方式。结合高标准农田建设，开展绿肥种植翻压还田、农作物秸秆还田、耕地轮作休耕，大力发展种养结合的农业循环经济模式。按照“有标采标、无标创标、全程贯标”要求，推进绿色有机生产，引导新型经营主体对接国际国内标准，以标准化建设提升有机化发展水平，推进绿色有机生产经营和管理。重点围绕蔬菜、水果、中药材、生猪、奶业等主导优势产业建设绿色有机示范基地，形成示范引领。建立完善有机农产品产地挂牌保护制度，加大地理标志农产品品牌建设。引导新型经营主体建立全程质量控制体系，开展绿色有机基地和产品、良好农业规范（GAP）认证，加快推进绿色有机进程。

四、不断提升农产品质量安全水平

落实政府属地管理责任，强化部门行业监管责任，突出生产经营主体第一主体责任。健全市、县、乡、村网格化管理，充实基层监管机构条件和手段，提高监管执法能力和水平。坚持检打联动，加强农产品监测抽检，强化风险评估及风险预警机制，开展专项整治和集中执法行动。依托国家追溯管理信息平台，推行食用农产品达标合格证制度，探索产地准出与市场准入有效衔接机制。开展国家农产品质量安全县创建，巩固麒麟、马龙、师宗3个国家级农安县创建成果，加大沾益、罗平、陆良3个省级农安县创建力度，指导宣威、会泽、富源创建省级农安县，提升全市农产品质量安全整体水平。全面落实免疫、监测、扑杀和净化等防疫措施，提高重大动物应急防控能力，确保不发生区域性重大动物疫情。

五、强力打造高原特色农产品品牌

依托资源优势、突出重点产业，走品牌强农兴农之路。扎实推进农业绿色、有机和 ISO 9000、HACCP、GAP 等质量安全认证，培育一批叫得响、过得硬、有影响力的农产品区域公用品牌、企业品牌、农产品品牌，形成标准化生产、产业化运营、品牌化营销的现代农业新格局。加快建立农业品牌目录制度，全面加强农业品牌监管，构建农业品牌保护体系。对获得“名品名企”称号的产品和企业，统一纳入品牌目录进行管理和营销推广。以“互联网化”作为突破口，借助第三方商业零售平台、微商平台、“一部手机游云南”App 等线上电子商务渠道，协同线下渠道，共同推动品牌发展。建立和完善全程质量追溯管理平台，对“名品”相关信息纳入平台进行动态管理和社会公众监督，确保“名品”的质量安全和名企的诚实守信。创新品牌营销推介，实施统一标识、统一品牌策划、整体营销战略，加强市场潜力大、具有出口竞争优势的农业品牌建设，打造国际知名农业品牌，提升“曲字号”“绿色食品牌”知名度和品牌影响力。

六、创新完善公共服务平台

一是推进农业农村监督管理平台建设。整合完善农产品质量追溯、绿色有机和地理标志管理、动物卫生监督、农药管理、“绿色食品牌”重点基地管理、农业物联网管理、云南名品管理、农业农村审批事项办理、农业行政执法、高标准农田建设等管理系统，建立健全农业农村管理决策支持技术体系，为市场预警、政策评估、监管执法、资源管理、舆情分析、乡村治理等决策提供支持服务，提高宏观管理的科学性；二是推进农业农村公共服务平台建设。统筹全市涉农信息系统建设工作，深入实施信息进村入户工程，加快建设益农信息社，完善社会服务管理。引导各类社会主体利用信息网络技术，开展市场信息、农资供应、废弃物资源利用、农机作业、农产品初加工、农业气象“私人定制”等领域农业生产性服务，促进公益性服务和经营性服务便民化。

第六节　强化农产品加工与市场物流

一、强化农产品产地初加工

大力完善农产品产地初加工基础设施。支持农民专业合作社和家庭农场改善储藏、保鲜、烘干、分级、包装等设施装备条件，促进商品化处理，减少农产品加工损失，增加市场有效供给，提高农产品质量安全水平。支持企业和新型农业经营主体集中连片建设一批农产品冷藏库、烘干房等产地初加工设施并完善冷链设施设备，有效降低采后损耗。加大以优质马铃薯、特色水果、绿色蔬菜、新兴花卉等产品为重点的分拣、清洗、包装、冷链物流产地初加工。

二、提升农产品精深加工水平

积极引导加工企业围绕生猪、肉牛、中药材、蚕桑、魔芋等特色优势产业，发展主食、方便食品、休闲食品、传统食品等，促进主产区农产品加工业快速发展，加大生物、工程、环保、信息等技术集成应用力度，加快新型非热加工、新型杀菌、高效分离、节能干燥、清洁生产等技术升级，开展精深加工技术和信息化、智能化、工程化装备研发，大力提升农产品精深加工水平，形成一批优势产业集群。加强农产品及其加工副产物综合、全值、梯次利用，集中建立副产物收集、运输和处理渠道，提高副产物综合利用水平。

三、建立健全市场物流体系

立足曲靖特色资源禀赋和产业优势，面向京津沪、粤港澳大湾区、南亚—东盟等区域重点消费市场，以资源整合和对现有农产品现货交易市场改造提升为手段，重点改造提升 4 个综合市场、5 个专业市场，加强一批田头市场及电子商务网点店等基础设施建设。积极培育农村市场流通主体，加快建设电子商务等新型营销平台，组织开展信息、技术、培训、质量标准、产品和产地认证、市场营销等服务。

建设完善陆良县中国国际农产品交易物流中心，宣威、马龙和罗平农产品交易集散枢纽的冷冻加工、冷冻贮藏、冷藏运输及配送、冷冻销售等环节的基础设施和装备，支持其他节点物流园建设，带动各生产区“田头交易市场”建设，加快果蔬、肉类、乳制品等农产品的全冷链物流发展。以基础设施和物流设施设备为重点，在生鲜农产品主产区、区域性集散地建设一批产地预冷、保鲜及产销地冷藏、冷冻、物流园，以满足原料和产品冷链物流需求。加强冷链物流信息标准化建设，鼓励应用标准化冷链仓储、运输等设施设备，提升生鲜农产品在仓储、流通、加工和运输中的比重。

四、加大经营主体和品牌培育

按照“扶优、扶强、扶特、扶大”的原则，大力实施“龙头+基地+标准+品牌+市场”五位一体的现代农业发展模式，引进全国知名度高、影响力大的行业龙头企业进驻，培育壮大一批在种子种苗和生产基地、农产品加工、市场物流等领域的国家、省、市级农业产业化龙头企业。深入推进国家、省、市级示范社创建行动，培育发展农民专业合作社联合社，推进区域性联合、行业性联合、多主体融合，提升县域指导服务能力，健全规章制度，构建扶持政策体系，加强示范引领，探索准入和退出机制，搭建合作社服务平台。发挥合作社的桥梁纽带作用，引导农民通过土地、资金、劳动、技术和产品等生产要素重组，积极发展生产、供销、信用“三位一体”综合合作，实现合作发展和抱团发展，探索和创新利益分配机制，把合作社组织打造成完善农民利益联结机制的重要纽带。整合各渠道培训资金资源，大力培育家庭农场、专业大户、职业农民及农村经纪人等经营主体。实施现代青年农场主和农村实用人才培养计划及新型农业经营主体带头人轮训计划，构建专业化、组织化、社会化相结合的新型农业经营体系。

强化品牌意识，推动“区域公用品牌+企业品牌+产品品牌”协调发展；开展以绿色、有机、生态原产地产品和国家地理标志的认证。加大企业品牌和产品品牌创建力度，支持生产企业注册具有自主知识产权的技术，加强相关知识产权保护。积极支持龙头企业商标注册、质量认证、品牌创建宣传、市场营销等工作，丰富文化内涵，提升农产品的内在价值，培育一批知名的优势企业品牌和产品品牌。

第七节　推进一二三产业融合发展

一、培育多元化的产业融合主体

发展壮大龙头企业。引入市场机制，支持加工流通企业开展技术改造、产品研发、品牌建设和市场开拓，并给予贷款贴息；引导龙头企业对接多层次资本市场，通过中央、省级预算内投资、地方政府专项债券等方式拓宽来源渠道，率先在马铃薯、油菜、草畜、蔬菜、水果（苹果、蓝莓、石榴）、中药材等产业中打造一批科技领先、品牌响亮、年销售收入过10亿元的大型龙头企业集团。鼓励龙头企业、专业合作组织牵头，组织农业科研院校、推广机构、农机作业公司、专业大户等成立多产业、多类型的产业联盟（产业联合体），支持联盟成员通过信贷担保、融资拆借、产业开发、成果转化、技术服务、品牌培育、产品营销等，实现一体化生产经营。完善企业与农户利益联结机制。支持龙头企业通过“公司+合作社+农户”“公司+基地+农户”等方式，构建农户、合作社、企业之间互利共赢的合作模式，让农民分享更多产业链增值收益；积极培育农民专业合作社和家庭农场。通过贷款贴息、实物租赁等多种方式，支持农民专业合作社、家庭农场等发展农产品加工、流通和销售。开展农民专业合作社示范创建和示范家庭农场评定，鼓励发展农民专业合作社联合社，对示范社、示范家庭农场给予优先支持承担国家、省级各类涉农项目；大力发展订单农业。引导龙头企业与农户、家庭农场、农民专业合作社签订农产品购销合同，支持龙头企业通过承贷承还、信贷担保等方式，帮助订单农户建设标准化种养基地，资助订单农户参加农业保险，开展农资采购、农机作业、生产技术、疫病防控、市场信息等服务。

二、发展多类型的产业融合方式

开展农村一二三产业融合发展推进行动，构建全环节提升、全链条增值、全产业融合发展体系，打造云南城乡融合发展示范区。深化农业产业化经营，延伸产业链，建设一批现代农业产业园和农村产业融合发展先导区。强化产地市场体系建设，加快建设布局合理、分工明确、优势互补的全国性、区域性和田头三级产地市场体系，促进农产品加工就地、就近转化增值，加快推动农业“接二连三”，促进立体化、复合式全产业链发展。发挥农业龙头企业在全产业链布局中的关键作用，促进农业研发、生产、加工、物流和服务相互融合，推动产前、产中、产后一体化发展。充分开发农业多种功能和多重价值，推进农业与旅游、教育、文化、康养等产业深度融合，推动农业发展价值倍增。创新农村电商模式，发展“新零售”等业态，推进农产品电商物流配送和综合服务网络建设，建立符合电商行业及消费需求的农产品供给体系。

三、创新产业链和农户利益联结模式

支持各类新型农业经营主体与小农户开展多种形式的合作与联合，建立紧密的利益联结和分享机制。充分发挥农民专业合作社的组织优势，将农民专业合作社作为小农户与现代农业有机衔接的重要桥梁纽带，加强规范化建设，建立健全管理制度，提高民主管理水平，实现组织机构运转有效、产权归属明确清晰、事务管理公开透明。鼓励农民以土地、林权、资金、劳动、技术、产品为纽带，开展多种形式的合作与联合，依法自愿组建联合社，开展互助保险和合作社内部信用合作试点。加强合作社监管，开展市级示范合作社创建，重点扶持一批规模大、效益好、运作规范、带动力强的旗舰型合作社。鼓励推广“订单收购+分红”“土地流转+优先雇用+社会保障”“农民入股+保底收益+按股分红”等利益联结方式，带动农户专业化生产，让农户分享加工、销售环节收益。以促进农户生产和现代农业发展有机衔接为重点，构建全程覆盖、区域集成的新型农业社会化服务体系。鼓励新型经营主体与小农户建立契约型、股权型利益联结机制，推行土地托管、政府订购、专项承包服务、协作联合、代耕代种、联耕联种、统防统治、农业共营等服务方式，提升小农户组织化程度。

四、培育壮大农业农村新业态

加快完善农村物流基础设施网络，促进传统流通网点向现代农资综合服务商转型，推动市场流通体系与储运加工布局有机衔接。创新农产品流通方式，鼓励供销、邮政、快递和大型商贸物流企业在农村地区经营布局，推进电子商务进农村综合示范，发展“新零售”等业态，推进农产品电商物流配送和综合服务网络建设，建立符合电商行业及消费需求的农产品供给体系。充分挖掘农业农村的多功能性，突出区域特色和资源特色，打造形式多样、特色鲜明的休闲产品；依托“互联网+”拓展招商引资、宣传推广和产品销售渠道，导入现代科技、人文元素，厚植“农业+互联网”“农业+文化”产业发展土壤。发展创意农业，推动农业产品符号化、品牌化、仪式化，鼓励有条件的地区集中打造一批以休闲养生度假为一体的高水平“休闲农庄”“文化农庄”“田园农庄”，使之成为具有当地资源优势和民俗文化特色的乡村名片。

五、深入推进休闲农业与乡村旅游发展

充分发挥曲靖农业特色产业资源优势，着力打造“罗平油菜花海”“娜姑石榴”“麒麟蓝莓”等一批休闲农业与乡村旅游景点，建设国家级休闲农业示范县、中国美丽休闲乡村、运动休闲特色小镇和旅游名镇、旅游名村、旅游名街。依托农耕文化、农事节庆活动、农家生活、乡村美食、村居民宿、研学基地和农业设施，大力发展创意农业，打造一批特色化、差异化的乡村旅游产品，推进“乡村旅游后备箱工程”。践行健康中国战略，支持中医药养生、森林康养等产业发展，建设一批集旅游观光、健康服务、康复疗养、休闲度假、绿色人居于一体的田园养生养老农业休闲区，积极助推全域旅游转型升级。

第八节　加大支撑体系建设

一、夯实农业基础设施

加强农田水利基础设施配套建设。一是农田水利工程。以生产用水工程为重点，完善水源设施，推进农田续建配套，因地制宜兴建、提升中小型农田水利设施，实施管道输水、渠道防渗及蓄水工程（以水池为主）、河道治理，加快建设现代农田灌排体系，发展节水农业、旱作农业。二是高标准农田建设。紧扣田地平整肥沃，水利设施配套、田间道路畅通目标，加快推进土地平整、土壤改良、灌溉与排水、田间道路、农田防护与生态环境保持、农田输配电及其他工程建设，确保建设一片、见效一片、巩固一片，提升产业区农田基础设施水平。三是高效节水灌溉。结合高标准农田建设因地制宜

发展高效节水灌溉，加强规划区配套节水建设，推广喷灌、微灌、集雨节灌和水肥一体化技术，农田基本达到排灌系统完善，输水和配水设施齐全，灌溉用水有保障。

二、强化现代种业体系建设

着力推进政产学研合作，加强与省内外农业类高校院所开展产学研精准对接，开展质量导向型科技攻关，加速农业科技成果转化和高端科技人才引进，强化农业科技创新。聚焦“保、育、测、繁”四个环节，强化科技创新资源供给质量和效率，加快提升现代种业科技创新能力。重点围绕重要粮食作物（玉米、水稻、马铃薯等）、油菜、绿色蔬菜、优质水果、道地药材、新兴花卉及生猪、牛羊、家禽等畜禽，建设现代种业基地，集中突破一批种业领域关键核心技术。以宣威和会泽两个国家区域性马铃薯良种繁殖基地、农业科技园区、“星创天地”等农业科技创新平台为依托，组织实施良种联合攻关。大力实施现代种业提升工程，巩固提升粮作、畜牧优势种业，开发培育特色种业，打造以马铃薯、杂交玉米、火腿原料猪和云岭牛等为主的“云南种业”创新基地。加强“宣和猪”“大河乌猪”“会泽火红黑山羊”“罗平黄山羊”等曲靖特色畜禽水产良种资源保护与利用，重点建设一批品种测定站、大型育种场、种公畜站、品种性能测试中心和标准化繁育基地等，积极参与构建以畜禽生殖细胞、胚胎与活体保护相结合的畜禽资源保护体系，支持核心育种企业开展育繁推一体化建设示范。

三、推进数字农业工程建设

加快农业数字化转型，完成农业云平台搭建，推动农业全产业链条数字化升级。大力构建农业农村基础数据资源体系，统筹建设农业自然资源、重要农业种质资源和新型农业经营主体等大数据，形成农业基础数据资源体系，为农业精准管理和服务提供有力支撑。积极推广遥感监测、智能识别、自动控制、机器人等设施设备，加快物联网、大数据、智能装备等现代信息技术和装备在农业生产全过程的广泛应用，提升农业智能化水平。加快发展数字农情，构建病虫害测报监测网络和数字植保防御体系，推进种植业信息化。建设数字养殖牧场，加快应用个体体征智能监测技术，推进养殖场数据直联直报。发展智慧水产养殖，推进渔业智慧化。深化电子商务进农村综合示范，鼓励发展智慧休闲农业平台，推进新业态多元化。推动农产品生产标准化、标识化、可溯化，构建投入品监管溯源与数据采集机制。建设智慧农业基础框架云平台、大数据分析平台、图网一体化平台，大力推进智慧土肥、兽药饲料监管、畜禽养殖监管、畜禽改良监管、畜禽运输监管等应用平台建设，开展农业物联网示范。

四、强化耕地保护与质量提升

1. 全面落实耕地保护制度

结合国土空间规划，开展永久基本农田划定和设施农用地管理，落实最严格的耕地保护制度和节约用地制度，严守耕地红线，严控新增建设占用耕地，避免"非粮化"，坚决禁止耕地"非农化"，完善耕地占补平衡制度，确保耕地保有量和基本农田保护面积。强化永久基本农田对各类建设布局的约束，建立统一的、市县联动的国土空间基础信息平台，并基于国土空间基础信息平台同步建设国土空间规划"一张图"实时监督信息系统，切实提高用途管制的信息管理水平。大力发展多种形式的适度规模经营，创新土地流转形式、健全土地流转服务体系、完善承包地"三权分置"制度，推动土地流转与高标准农田建设相结合。积极鼓励新型农业经营主体通过转包、出租、互换、转让及入股等方式连片流转土地，提高土地产出率和资源利用率。

2. 持续开展耕地质量提升工程

大力发展种养结合农业循环经济模式，实行有机肥无机肥相结合，加快有机肥的推广应用，促进畜禽粪污资源循环利用，着重抓好休耕轮作、秸秆还田等技术的推广，提升耕地质量；推广生物农药，减少化学农药；加强农业面源污染防治，降低化肥用量，鼓励企业和农民采用水域环境综合控制等环境友好技术；加大生产区美化、绿化建设，推进休闲观光融入农业产业发展。

3. 强化农业环境保护

严格坚守耕地红线、水资源红线和生态红线，优化产业布局，提高规模化、集约化水平，推进生态循环农业，提高资源利用效率。大力推广节水、节肥、节药等节约型农业技术，推广生物防治等绿色防控技术和统防统治。加强检疫检验工作，防止外来有害生物和病虫害入侵，提高农业生产生态环境安全水平。全面加强农业面源污染综合治理，科学合理使用农业投入品，提高使用效率，减少农业内源性污染。科学合理施肥，推广有机肥、生物肥料和绿肥种植，推广高效、低毒、低残留农药、生物农药和先进施药机械，推进病虫害统防统治和绿色防控，推行减量化生产和清洁生产技术。加大农业生产废弃物资源化利用的研发和示范推广力度，保障农业生产健康发展。建设生产环境污染监测预警系统，加强生产性面源污染防治。

五、加大科技支撑体系建设

1. 加强科技创新体系建设

进一步加大农业产业科研投入，加快相关科技创新重大基础设施建设，鼓励转化和引进更多的国内外先进技术。整合资源，创新机制，加强与国内外科研院所、专业技术服务机构的合作，建立专家工作站、科技人员创业基地，围绕 8 大重点产业组建技术团队和工作专班，实行 1 个产业有 1 个技术团队，1 套技术支撑方案，逐步形成一支有技术、懂管理的人才队伍，为曲靖市农业高质量发展提供技术支撑。鼓励和支持企业开展科技创新研发，逐步建立以科技机构和企业为主体、社会广泛参与的多层次科技体系。

2. 科技创新工程

围绕产业发展需求，依托省内外科研院校、科技企业、社会组织，整合科技资源，开展绿色农业生产、农产品精深加工等关键核心技术攻关，加快科技成果转化应用。鼓励各类农业生产经营主体，建设相关产业工程技术研究中心和试验示范基地，积极争创国家和省级农业科技园区、产学研协同创新中心、现代产业园区，示范带动全市现代农业发展与科技创新。

3. 产业服务平台创新

努力打造农村科技创新服务平台、农村土地交易服务平台、农村金融保险服务平台，建立健全服务机制，推动产业、科技、人才、资金聚集。加快农业科技创新和科技成果转化运用，探索公益性和经营性农技推广融合发展机制。

六、强化人才的引进与培育

1. 加强人才引进

建立与市场经济体制相适应的用人机制，制定和完善领军人才引进办法。结合重点产业专家需求和重点龙头企业人才需求，探索建立人才、智力、项目相结合的全职引进和柔性引才机制，充分运用引进高层次人才优惠政策，吸引各类优秀人才（团队）向产业区集聚，服务产业、服务企业和服务科研生产一线，发挥高层次科技人才的重要支撑作用。通过联合院士、专家工作站等方式，吸引和激励中高端人才发挥专长。

2. 强化人才培育

加大各类人才的培育力度，尤其加强企业内部技术骨干队伍的培育。鼓励返乡农民工、高校毕业生、退役军人、农村实用人才领办，创办企业、合作社等。实施农村实用人才带头人和大学生村官示范培训计划。通过本土人才回引、定向培养、统筹招聘等方式，培养项目区致富带头人。支持科技人员以成果入股农业企业，健全科研人员校企、院企共建双聘机制，实行股权分红等激励措施。通过 3～5 年逐步建立一支有技术、懂管理的人才队伍，为加工园区发展提供技术支撑。

第七章

结论与建议

一、结论

在农业现代化不断发展与完善的新时代背景下，高质量发展是现代高原特色农业现代化的必由之路。云南具有资源丰富、辨识度极高的小区域农业资源，农产品以天然、特色、有机著称，绿色“云品”已成为云南现代高原特色农业的亮丽名片。在全国农业产业链呈现出区域化、碎片化趋势的大背景下，云南高原特色农业坚持以产业链为导向，将产业链建设作为促进农业高质量发展的重要抓手，加快推进农业发展方式的变革。特别是近十年来，云南围绕高原特色农业，高位谋划、多措推进，不断优化产业结构，农业产业走上绿色高效发展道路，云南从特色资源大省逐步转化为特色产业大省。但总体看，云南农业高质量发展水平仍然不高，存在产业整体的高效性不足，产业规模整合度不够，地域发展存在较大差异，部分偏远地区农业发展水平仍旧较低等问题。

曲靖作为云南农业大市，承担着粮食主产区和粮食安全的历史重任。多年来，曲靖立足多样性资源，紧盯农业全产业链高质量发展面临的短板弱项和瓶颈制约，以稳量、提质、增效、富民为总体思路，不断调整产业结构、优化功能布局，全面推进高原特色现代农业发展，建立起曲靖高原特色农业高质量发展模式和产业链条，并成为云南高原特色农业的典范和绿色农业发展的践行者，为云南现代农业构建新发展格局、促进全域农业高质量发展提供了示范样板。

二、建议

针对目前云南现代高原特色农业高质量发展中存在的问题给出以下建议。

1. 因地制宜，合理规划

坚持规划引领，建议以10年为期，对区域内的特色农业发展做中长期规划，且每3年调整修改一次，统筹推进区域现代农业发展。

2. 生态优势，绿色发展

坚持“绿水青山就是金山银山”的发展理论，强化生态保护，充分发挥云南资源禀赋，强化资源保护与节约利用，大力推行绿色生产，以绿色发展促进农业高质量发展，推动农业农村高效发展。

3. 创新方式，融合发展

加强现代农业发展模式创新，因地制宜调整产业结构，优化区域布局。大力构建现代农业产业体系、现代农业生产体系和现代农业经营体系，推动产业向上下游延伸，在横向上推动农业与其他产业深度融合。

4. 完善制度，健全机制

建立和完善制度和政策，深化农业供给侧结构性改革，完善农业社会化服务体系，强化农业科技创新，加大人才培养力度，构建财政优先保障体系，全力推进云南高原特色农业高质量发展。

主要参考文献

陈明星，2020. “十四五”时期农业农村高质量发展面临的突出问题［J］.《中州学刊》.

陈思，2019. 云南省高原特色农业税收政策的研究. 硕士学位论文数据库，6.

杜志雄，罗千峰，杨鑫，2021. 农业高质量发展的内涵特征、发展困境与实现路径：一个文献综述［J］. 农业农村部管理干部学院学报，(4)：14-25.

高增刚，2005. 黄土高原地区土地资源可持续利用研究. 硕士学位论文数据库（12）.

胡从九，2019. 浅析农业高质量发展［J］. 中国农垦（12）.

黄修杰，蔡勋，储霞玲，等，2020. 我国农业高质量发展评价指标体系构建与评估［A］. 中国农业资源与区划，41（4）：124-133.

江立俊，曾照胤，2022. 十堰市春魔芋高产栽培技术［J］. 长江蔬菜，(7)：11-13.

黎新伍，徐书彬，2020. 基于新发展理念的农业高质量发展水平测度及其空间分布特征研究［J］. 江西财经大学学报（6）：78-94.

李贵平，2021. 云南高原特色现代农业转型升级研究. 中国国情国力（2）.

李国祥，2017. 论中国农业发展动能转换［J］. 中国农村经济（7）：2-14.

李建琴，封槐松，2019. 2022 年我国蚕桑产业发展趋势与政策建议［J］. 中国蚕业，40（1）：1-8.

李建琴，顾国达，2022. 2022 年我国蚕桑产业发展趋势与政策建议［J］. 中国畜牧杂志，58（3）：270-273，274.

李庆丰，2015. 高原特色农业发展途径分析［J］. 农家顾问（2）.

李荣琼等，2017. 昆明市高原特色农业发展现状及对策［J］. 现代农业科技（5）.
李伟，余华献，郑琳，胡文龙，2019. 云南省陆良县蚕桑产业调研［J］. 蚕学通讯，39（2）：29-34.
李永松，2018. 推进云南高原特色现代农业高质量发展［J］. 社会主义论坛（3）.
刘二喜等，2012. 恩施州魔芋种植区域规划［J］. 湖北农业科学，51（22）.
刘涛，李继霞，霍静娟，2020. 中国农业高质量发展的时空格局与影响因素［J］干旱区资源与环境，34（10）：1-8.
楼惠新，2000. 云贵高原土地利用［J］. 国土与自然资源研究（1）.
聂长飞，2022. 高质量发展研究综述与展望［J］. 湖南财政经济学院学报，38（195）：34-43.
史丹，赵剑波，邓洲，2019-09-09. 从三个层面理解高质量发展的内涵［N］. 经济日报.
苏炎芳，王思远，廖森泰，2022. 珠三角基塘农业高质量发展的影响因素研究. 安徽农学通报［J］. 28（5）.
夏显力，陈哲，张慧利，等，2019. 农业高质量发展：数字赋能与实现路径［J］. 中国农村经济（12）：2-15.
谢艳乐，祁春节，2020. 农业高质量发展与乡村振兴联动的机理及对策［J］. 中州学刊（2）：33-37.
胥刚，2015. 黄土高原农业结构变迁与农业系统战略构想［D］. 博士学位论文数据库，9.
于法稳，2018. 新时代农业绿色发展动因、核心及对策研究［J］. 中国农村经济（5）：19-34.
张燕等，2022. 云南省魔芋产业绿色发展对策研究［J］. 楚雄师范学院学报，37（3）.
赵剑波，史丹，邓洲，2019. 高质量发展的内涵研究［J］. 经济与管理研究，40（11）：15-31.
周兴炳，2019. 不同种植模式对佛坪县魔芋产量、品质及其综合效益的影响［D］. 杨凌：西北农林科技大学.
周一佳，2019. 十堰市魔芋产业化发展问题研究［D］. 武汉：中南民族大学.
朱汝霞，骆华松，吴俊强，2014. 基于区位商视角下的云南省高原特色农业发展研究［J］. 安徽农业科学，42（24）.